A CINTIA
CON CARIÑO
Lidia

MAYO 2.003.

DISEÑOS CON
OSITOS

DISEÑOS CON
OSITOS

■ SUE QUINN ■

EDITORIAL

ALBATROS

Hipólito Yrigoyen 3920 (1208) Capital Federal — República Argentina
Tel. 981-1161 / 982-5439 / 983-2332

Contenido

INTRODUCCIÓN

*P*or ser capaz de evocar los recuerdos más queridos de la infancia, el osito representa hoy una de las imágenes más populares. En este encantador libro, encontrarán ositos presentados en una amplia gama de preciosos diseños, que van desde espejos y móviles hasta suéters y bordados. Y, por supuesto, también estará el tradicional osito armado que provocará el deleite de niños y de adultos por igual. Los diseños se realizan utilizando una variedad de técnicas manuales que incluyen pintura, modelado, trabajo de carpintería, tejido, armado de juguetes, aplicaciones y pasamanería, y, allí donde sea necesario, les proporcionamos coloridos modelos y diagramas de costura.

La foto de abajo muestra algunos de los muchos materiales utilizados en la realización de los diseños de este libro, incluyendo pinturas, pinceles, materiales de modelar, trozos de madera, telas de peluche, fieltros (paño lenci), cintas, ovillos de lana e hilos de bordar. Se recomienda comprar materiales de buena calidad, ya que estos ayudarán a obtener los mejores resultados.

 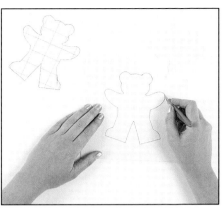 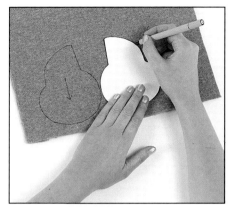

A fin de reproducir un modelo en el tamaño correcto, dibuje primero una grilla sobre papel en el tamaño indicado. Luego, copie con mucho cuidado el contorno, utilizando un cuadro por vez.

Si necesita que su modelo sea rígido, confeccione una plantilla del diseño. Corte el modelo de papel y marque su contorno sobre un trozo de cartón. Ahora, corte la plantilla.

Cuando confeccione juguetes de peluche, use la plantilla de cartón para marcar las distintas partes del modelo sobre telas de peluche. Si se necesitan dos piezas asimétricas, dé vuelta la plantilla antes de marcar la segunda pieza.

Cada proyecto es presentado con coloridas fotografías y acompañado con instrucciones detalladas que muestran cómo realizarlo. Y aun cuando sería imposible para la extensión de este libro explicar todas las técnicas de realización, existen muchos datos y sugerencias que los ayudarán a obtener los mejores resultados.

Muchos de los proyectos también presentan un modelo en escala del diseño dibujado en una grilla. La grilla sirve para ayudarlos a dibujar el modelo en tamaño natural utilizando una técnica conocida como "cuadricular" (se describe a continuación). El diseño bordado, Tapiz infantil, y el modelo tejido, Suéter con osito, se acompañan con diagramas que ustedes pueden seguir cuadro por cuadro. Cada cuadro del diagrama representa una puntada.

Cuadriculado del diseño

En cada grilla del modelo cuadriculado encontrarán una escala marcada, por ejemplo: un cuadrado representa 2,5 cm. Con una hoja de papel, un marcador de fibra y una regla larga, dibujen su propia grilla en las dimensiones indicadas. Luego elijan un punto del modelo desde donde comenzar. Fíjense qué cuadrado ocupa y encuentren el cuadrado correspondiente sobre sus grillas. Observen dónde el contorno del modelo entra y sale del cuadrado y luego, marquen estos puntos en sus grillas. Ahora, unan ambos puntos, siguiendo con cuidado la forma del contorno dentro de ese cuadrado.

Continúen copiando el modelo cuadro por cuadro y, una vez que lo terminen, completen detalles tales como los ojos y la boca. Asegúrense también de marcar la dirección del pelaje, que se indica con flechas, en cada una de las partes del modelo del juguete. Este detalle es muy importante, ya que si se llegaran a cortar las piezas en la tela de peluche, con el pelaje en la dirección equivocada, se arruinaría el aspecto final del juguete.

Si desean realizar un diseño en un tamaño mayor al que se sugiere, simplemente dibujen los cuadrados más grandes; si duplican el tamaño del cuadrado, estarán duplicando también el tamaño del modelo. A la inversa, se puede reducir el tamaño del modelo final, dibujando una grilla más pequeña que la sugerida.

Uso del modelo

Para algunos de los proyectos, sugerimos que utilicen el modelo en papel cuadriculado para la creación del diseño. Pueden cortar el modelo en partes individuales, tal como se lo hace para las aplicaciones o marcarlo sobre el material con papel carbónico. Para otros proyectos, como los diseños de juguetes de peluche, sugerimos que confeccionen plantillas de cartón de los modelos. La razón de esto es que las telas de peluche que se utilizan en la confección de juguetes son demasiado gruesas como para pinchar los moldes de papel. En lugar de ello, pueden utilizar plantillas de cartón para marcar con marcador de fibra las distintas piezas, directamente sobre el reverso de la tela. Con las plantillas resulta más fácil marcar el contorno que con moldes de papel y, asimismo, durarán más tiempo si desean utilizarlas más de una vez.

Materiales y equipo

A fin de ayudarlos en la preparación del trabajo manual, les proporcionamos listas de material y equipo necesario para la confección de cada diseño. Compren siempre materiales de buena calidad, en particular telas y lanas, ya que, aunque éstas puedan resultar más caras que otros productos, el resultado final será muchísimo mejor. Del mismo modo, compren siempre pinceles de buena calidad; si se los cuida de manera apropiada, superarán la vida útil de otros de inferior condición.

Papel De Regalo Y Tarjetas

Haga su propia selección de papeles de regalo, rótulos y tarjetas que proporcionen un toque personal a sus regalos. Hay tarjetas que se ajustan a todo tipo de ocasión, desde las navideñas hasta las de cumpleaños y el papel de regalo se decora fácilmente utilizando sellos de impresión realizados con papas.

Termine sus tarjetas y rótulos hechos a mano con moños, estrellas y cintas compradas. También puede utilizar moldes del modelo para crear sus propios diseños.

Tarjeta para caja de regalo

Para confeccionar esta hermosa tarjeta, cuadricule primero el modelo de la caja de regalo que se muestra en la siguiente página, utilizando una grilla de 2,5 cm y siguiendo las instrucciones de la página 7. Corte la forma en cartulina blanca. Marque las otras piezas, incluyendo el osito y el moño. Si desea hacer varias tarjetas, realice plantillas de cartón de las figuras, de manera que las pueda utilizar más de una vez. Ahora, siga los pasos uno y dos.

Tarjeta navideña en forma de media

Agrande el modelo de media de la página 9, invirtiendo la imagen por la línea de puntos. Lleve el molde al reverso de alguna cartulina de color rojo brillante y proceda a cortar. Aplique un poco de goma de pegar a lo largo del borde curvo, luego doble la media por la mitad. Agrande el modelo de la botamanga de la media y córtela en cartulina blanca. Dóblela por la mitad de su ancho y péguela alrededor de la parte superior de la media, dejando dicha parte abierta.

Para hacer la tarjeta base, corte un rectángulo de cartulina de color verde de 17,5 por 7,5 cm y dóblelo por la mitad. Corte en cartulina algunas hojas de muérdago y algunas fresas y luego péguelas en el pie de la media. Ahora, pegue la media a la tarjeta base. Realice dos ositos amarillos y decórelos con un moño, los ojos y otros detalles. introduzca uno de los ositos en la parte superior de la media junto con algunos "paquetitos" hechos de cartón, y luego pegue el otro en el talón.

1 Con un adhesivo en atomizador, cubra los dos lados de la caja con un trozo de papel de regalo y doble la caja por la mitad. Corte un rectángulo de 17,5 por 7,5 cm de cartulina común y dóblelo por la mitad para formar la base de la tarjeta. Utilice sus plantillas para cortar el osito, el moño, la cinta y la tarjetita de cartulina de color, sin olvidarse del moño del osito.

2 Pegue el lado y la base de la caja de regalos doblada, dejando la parte superior abierta. Delinee sobre el moño para representar los pliegues, ayudándose con un lápiz de punta afilada. Pegue la cinta y el moño en una de las esquinas de la caja y pegue la caja a la tarjeta base. Pegue la tarjetita a la pata del osito y coloque en su lugar el moño. Dibuje los detalles con una lapicera de tinta plateada.

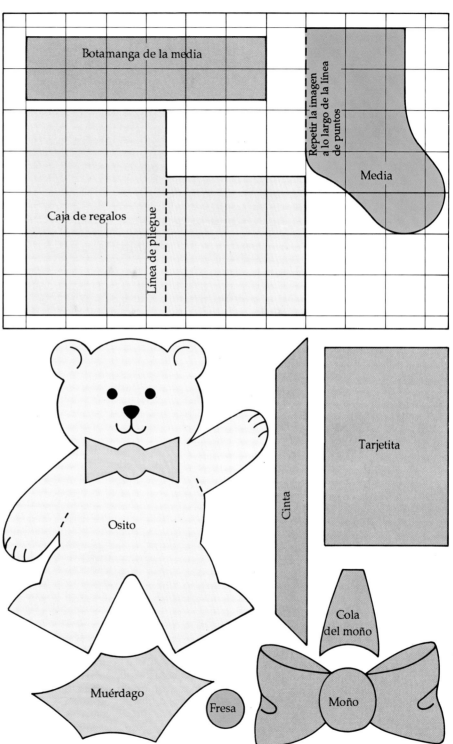

Botamanga de la media

Repetir la imagen a lo largo de la línea de puntos

Media

Caja de regalos

Línea de pliegue

Osito

Cinta

Tarjetita

Cola del moño

Muérdago

Fresa

Moño

Arriba: *Estilo plegable. Esta fila de ositos constituye una tarjeta simple pero efectiva.*

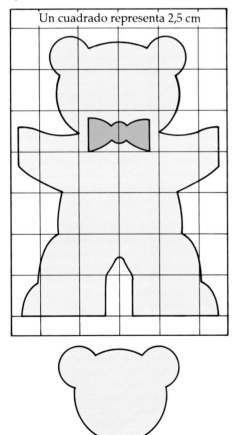

Un cuadrado representa 2,5 cm

1 *Marque con un marcador de fibra el contorno de la cabeza sobre la superficie cortada de la papa. Corte por esta línea, sosteniendo el cuchillo en forma vertical. Luego, con el cuchillo horizontal, descarte los excesos de papa alrededor del diseño, dejando la cabeza en el centro. Con la ayuda de un batidor de cocteles, realice pequeñas perforaciones que sugieran las orejas, ojos, boca y nariz.*

Tarjeta plegable

Agrande el modelo de la izquierda utilizando una grilla de 2,5 cm, luego lleve el diseño al reverso de un gran trozo de cartulina de color. Dibuje una fila de cuatro ositos, uniéndolos por sus patas. Corte dicha fila con una trincheta y dóblela de manera plegable, allí donde se unen sus patas. Adorne cada osito con un moño pequeño de cartulina brillante y agregue otros detalles si lo desea, utilizando una lapicera de pluma metálica.

Papel de regalo y rótulo de ositos divertidos

Realice el trazado de la cabeza de oso que se muestra a la izquierda, debajo de la grilla. Lleve el diseño a una cartulina y corte la forma con una trincheta. Corte una papa mediana por la mitad con un cuchillo filoso, luego siga los pasos uno y dos para realizar la impresión sobre el papel. Cuando se haya secado la pintura, dibuje un moñito debajo de cada cabeza, utilizando una lapicera de pluma metálica. Con la misma lapicera, haga puntos por todo el papel entre las filas de cabezas.

Para realizar el rótulo, doble por la mitad un rectángulo pequeño de cartulina dorada. Vuelva a abrirlo y lleve el molde de la cabeza de osito a su reverso. Corte alrededor con una trincheta. Sobre el lado derecho, dibuje un moñito debajo de la cabeza. Por último, haga un agujero pequeño en una de las esquinas y pase un cordón dorado.

2 *Mezcle los colores necesarios de pintura acrílica o de cartel en un plato playo. Con un pincel pequeño, pinte el color con generosidad sobre la zona resaltada del diseño. Dé vuelta la papa y presione con fuerza sobre cualquier papel, ensayando el procedimiento varias veces antes de comenzar a imprimir sobre el papel de regalo Cuando esté listo, imprima el diseño en filas, sobre una hoja grande de papel blanco.*

MÓVILES DE OSITOS BEBÉ

Estos encantadores móviles, adornados primorosamente con una profusión de moños rosados, son garantía para el deleite de cualquier bebé o niño pequeño. Aquí hemos utilizado bonitos tonos pastel, pero, para causar un efecto diferente, se podrían utilizar los colores primarios. Como lo haría con cualquier tipo de móvil, asegúrese de colocarlo en un lugar que esté fuera del alcance de manitos inquietas.

Para este proyecto, el fieltro (paño lenci) es la tela ideal ya que no se deshilacha y es fácil de cortar. En todas las tiendas y mercerías, se pueden adquirir cuadrados de fieltro, en una amplia variedad de atractivos colores. Las manijas de plástico de las bolsas forman la base de los móviles. Elija manijas que sean completamente lisas en los bordes, ya que será más fácil forrarlas con cintas. Como alternativa, si no puede conseguir tales manijas, se pueden utilizar trozos de caña. Doble la caña hasta formar un aro y segure los extremos

con firmeza; para lograr esto, la cinta adhesiva es ideal.

Se pueden utilizar también estos ositos encantadores para hacer un juguete para el cochecito o la cuna del bebé. Cosa un trozo de cinta a la parte superior de un único osito desde donde se lo colgará o ate varios ositos con un elástico que se estire a través de la cuna. Si los ositos estuvieran al alcance del bebé, debe, no obstante, asegurarse de que toda la cinta esté bien cosida, para evitar cualquier tipo de accidente.

Se necesita:
• Fieltro (paño lenci) un cuadrado de los siguientes colores: azul, amarillo, rosa y durazno.
• Hilos de coser de los mismos colores
• Cartulina
• Relleno de poliéster
• Goma de pegar
• 4 manijas de bolsa de forma circular con un diámetro de 12,5 cm y 1 con un diámetro de 17 cm
• Cinta de las siguientes longitudes: 6 m de 2,5 cm de ancho, color blanco; 1 m de 5 mm de ancho, de color blanco; 1 m de 5 mm de ancho, de color azul; 1 m de 2,5 cm de ancho, de color rosa; 1 m de 5 mm de ancho, de color rosa;
• 2 trozos de cordón blanco, de 60 cm de largo

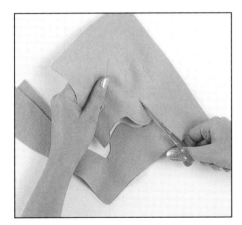

1 Marque el diseño de osito de la página 13 y lleve el diseño a un trozo de cartulina. Coloque la cartulina sobre una doble capa de fieltro y dibuje suavemente el contorno con un lápiz de punta afilada. Pinche ambas capas y cosa a máquina a su alrededor. Corte cerca de la costura, cuidando de no cortar las puntadas.

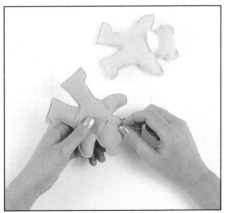

2 Confeccione, de esta forma, cuatro ositos, cada uno en diferentes tonos pastel. En uno de los lados de cada uno de los ositos, recorte con una tijera filosa una hendidura a través del cuello. Rellene los ositos sin exagerar, empujando el relleno con delicadeza hacia los brazos y las piernas, con la ayuda de un lápiz. Con hilo de coser del mismo color, cosa la hendidura con prolijidad.

3 Una vez decidida la posición del oso, borde la cara de cada uno con hilo de bordar de color marrón oscuro. Haga punto francés para los ojos, punto relleno para la nariz y punto revés para la boca (consulte las páginas 24 y 31.) Ate un trozo de cinta angosta alrededor del cuello y termine con un moño.

4 Ahora, cubra cada una de las manijas con la cinta ancha de color blanco. Para comenzar, pegue con cinta adhesiva uno de los extremos de la cinta al aro para que se sostenga en posición. Luego, enrósquela ajustadamente alrededor del aro, encimándola en cada vuelta. Cuando llegue al comienzo, continúe enroscando un par de veces más. Corte la cinta, doble el extremo y cósalo en su lugar.

Abajo: Marque el molde del osito y confeccione una plantilla de cartón. Usela para cortar los ositos de fieltro. Puede también utilizar el molde para realizar la figura en esténcil, a fin de decorar la cuna.

5 Una vez que haya forrado el aro más grande, enrosque a su alrededor cinta angosta de color azul, de manera tal que resulte con el aspecto de las barras de caramelo a rayas. Para comenzar, doble el borde de la cinta azul y cósala a la cinta blanca. Luego, enrosque la cinta alrededor del aro, dejando un pequeño espacio entre vuelta y vuelta. Ahora, cosa cada osito por sus manos y pies al aro pequeño, utilizando la puntada en forma de travesaños.

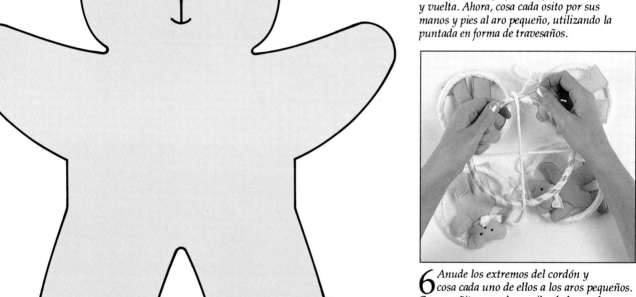

6 Anude los extremos del cordón y cosa cada uno de ellos a los aros pequeños. Cosa moñitos rosados arriba de los nudos. Cruce uno de los cordones por encima del aro mayor, ubicándolo de manera tal que uno de los ositos cuelgue más bajo que el otro. Cosa el cordón al aro en cada uno de los lados. Repita el procedimiento con el otro cordón y coloque moños anchos de color rosado en las uniones. Finalmente, suspenda los móviles de un trozo de cinta.

BOTONES Y OSITOS

*P*ara la realización de estos graciosos ositos, se ha utilizado masa de modelado horneable de color, fácil de conseguir en las casas de artículos especializados y que constituye un producto limpio y fácil de moldear, que se endurece simplemente colocándolo en el horno doméstico. Aquí nosotros hemos confeccionado prendedores, botones e imanes para la heladera, pero se puede utilizar la misma técnica para hacer infinidad de diseños de fantasía.

Las cabezas grandes de oso, terminadas con sombreros, moños y bufandas, resultan encantadores prendedores que hacen juego con los botones de ositos bebé. Los ositos que comen frutas y tortas constituyen divertidos imanes.

14

1 *Para confeccionar un prendedor, tome un trozo de masa de color beige y trabájela hasta que esté suave y flexible. Dé forma al hocico y forme las orejas apretando la masa con delicadeza entre el dedo pulgar e índice. Con el extremo de una herramienta de punta roma, pique una pequeña indentación en cada oreja para definir su forma. Prepare una pequeña bola de masa beige y presiónela sobre la cabeza para formar el cuello.*

Siga los pasos del uno al cuatro para realizar prendedores de ositos con sombrero y bufanda. Para la confección del osito con moño de color verde, siga los pasos uno y dos. Luego, tome un trozo largo de masa de modelado verde y aplástela con un palo de amasar. Recorte los bordes con un cuchillo filoso para obtener así una tira pareja de "cinta". Corte un trozo pequeño de esta cinta para envolver el cuello del oso y otros dos trozos para formar las colas del moño. Ahora, realice un aro con el trozo más largo y presione en el centro para formar las dos lazadas del moño. Envuelva un trozo pequeño de masa de modelado en el centro de las lazadas y presione el moño debajo del mentón del osito y por encima de las "colas".

Para los otros diseños, remítase a la fotografía de la página anterior. (Los botones están hechos mediante la perforación de agujeros a través de la nariz de las figuras con forma de cabeza de oso).

Terminación

Una vez que haya terminado de moldear los ositos, colóquelos sobre una fuente para horno limpia y hornéelos alrededor de 20 minutos, a una temperatura de 130

Se necesita:

• Masa para moldear horneable de los siguientes colores: ocre, rojo, blanco, azul y verde.
• Herramienta de moldear de punta roma
• Aguja puntiaguda
• Cuchillo filoso
• Palo de amasar
• Barniz
• Pincel fino
• Alfileres para prendedores
• Imanes pequeños

grados Centígrados. Retire los ositos del horno y deje enfriar sobre una superficie plana. Luego, con la ayuda de un pincel fino, pinte una pequeña cantidad de barniz sobre los ojos, nariz, sombreros y moños para proporcionarles un aspecto brillante; deje que la "piel" quede en su acabado mate natural. Finalmente, pegue alfileres para prendedores o pequeños imanes en la parte posterior de los ositos.

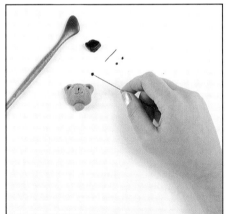

2 *Con una aguja larga, haga perforaciones para los ojos y la nariz; marque una línea donde estará la boca. Trabaje una pequeña cantidad de masa negra hasta que esté dúctil y forme tres bolitas para los ojos y la nariz. Presiónelas en sus respectivos lugares. Amase un trozo largo y fino de color negro y colóquelo en el lugar de la boca. Con la punta de la aguja, marque pequeñísimas líneas que sugieran la piel.*

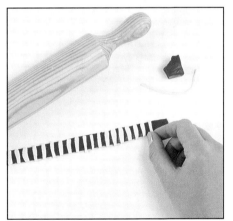

3 *Para confeccionar la bufanda a rayas, amase un trozo alargado de color rojo y aplástelo. Amase un trozo más fino de color blanco y córtelo en pequeñas secciones, del ancho de la bufanda roja. Ubique las secciones sobre la tira roja, a intervalos regulares y pase un palo de amasar para aplastar. Con la ayuda de un cuchillo filoso, empareje los bordes de la bufanda. Ahora, realice un sombrero a rayas para que haga juego.*

4 *Marque líneas a lo largo de la bufanda y el sombrero que asemejen el tejido. Corte un trozo pequeño de la bufanda. Envuelva el trozo más largo alrededor del cuello, encimando uno de los extremos por encima del otro y trayéndolo hacia abajo. Coloque el trozo más corto de la bufanda debajo del mentón y por encima de la primera sección. Coloque el sombrero sobre el osito y agregue pelotitas de nieve, tanto al sombrero como a los extremos de la bufanda.*

REFLEJOS

En este diseño de fantasía, un simple espejo se transformó por la presencia de un alegre osito que sostiene en su mano unos cuantos globos de color. El vidrio de color se consiguió con pinturas para vidrio —que dan un agradable efecto transparente— y una pasta especial delineadora que evita que se mezclen los diferentes colores.

Se necesita:
- Un espejo con marco
- Marcador de fibra para vidrio
- Pinturas para vidrio en los colores: rojo, amarillo, azul y verde
- Pasta delineadora de color negro
- Pincel
- Limpiador de pinceles

Las pinturas transparentes para vidrio se pueden adquirir en todas las casas de dibujo especializadas en dibujo técnico y se las encontrará en los más diversos colores. Son fáciles de usar y, tal como lo puede apreciar, son muy efectivas. Antes de comenzar el trabajo, consulte las instrucciones del fabricante.

Siempre es recomendable trabajar en un lugar libre de polvo y además debe asegurarse de que el espejo esté completamente limpio antes de comenzar. Prime-

ro, agrande el modelo de la página 18 tanto como sea necesario —de acuerdo con el tamaño de su espejo— y prepare plantillas de cartulina del osito y de los globos. Ahora, proceda con los pasos 1 y 2.

Antes de comenzar con el paso tres, ensaye sobre un trozo de vidrio auxiliar —descubrirá que es necesario tener un pulso firme para utilizar la pasta demarcadora, que se presenta en tubos— Presione el tubo de manera pareja a lo largo de todo el procedimiento y aplique la pasta en una línea continua, sin interrupciones. Deje que el trabajo se seque por completo antes de pintar el espejo, tal como se describe en el paso cuatro.

Deje el espejo en forma horizontal cuando pinte con los colores y limpie bien el pincel antes de usar otro tono. Mientras la pintura se seca, mantenga el espejo libre de polvo o pelusa para que no se arruine el resultado final.

1 *Limpie con cuidado el espejo, luego coloque en posición las plantillas de los globos y del oso, guiándose por la fotografía. Con un marcador de fibras muy fino, dibuje el contorno de las plantillas. Hemos ubicado los globos directamente encima de la cabeza del oso pero podrían llegar a estar en la parte superior, para obtener un efecto diferente.*

2 *Retire las plantillas y con cuidado dibuje los detalles de los globos y de la ropa del osito, siguiendo el modelo. Deje el dibujo de los hilos de los globos para el final, ya que es mejor hacerlo a pulso, usando la pasta demarcadora. Por último, dibuje las flores en el extremo inferior izquierdo y el pasto a lo largo de la base.*

3 *Comenzando por el globo de la derecha, siga la forma con la pasta demarcadora. Mantenga una presión pareja sobre el tubo y continúe alrededor del globo.*
Repita el procedimiento con los otros globos y complete los detalles.
Trabajando desde la parte superior, continúe el contorno del osito, el pasto y las flores.
Termine con los hilos de los globos.

DISEÑOS CON OSITOS

4 Una vez que se haya secado completamente el contorno, comience a colorear las distintas partes del osito y de los globos. Pinte primero el globo amarillo y luego el oso, comenzando desde la cabeza. Pinte los brazos y por último los pies. Mientras esté usando el color amarillo, pinte una de las flores. Siga luego con los detalles en rojo, luego con el azul y finalmente, con el verde, asegurándose siempre de limpiar con cuidado el pincel entre color y color.

Derecha: Utilice este modelo para confeccionar plantillas separadas de cartulina, para el osito y los globos. En nuestro diseño, uno de los cuadrados de la grilla representa 2,5 cm, pero usted deberá agrandar dicho modelo de acuerdo con el tamaño de su espejo.

OSITOS LITERARIOS

La realización de juguetes de madera puede resultar muy divertida y esos encantadores soportes para libros constituyen un comienzo ideal para principantes. Sin embargo, si tiene alguna duda sobre el uso de la sierra, le recomendamos solicite la ayuda de algún amigo que posea experiencia, reservándose para usted el placer de pintar los ositos y de armar los soportes.

Para este proyecto, hemos utilizado trozos de pino, que se puede adquirir en las carpinterías con el ancho apropiado. De acuerdo con los pasos uno y dos, corte los diferentes largos de madera con la espigadora. Elija una buena cola de carpintero para unir las bases. Para mantener las partes en su lugar mientras se seca la cola, utilice un par de bandas elásticas anchas y firmes.

Corte las distintas partes de los ositos con una sierra de marquetería manual. En los negocios del ramo se pueden adquirir sierras de marquetería de mesa pequeñas, no más grandes que una máquina de coser. La compra de una puede llegar a ser rentable si usted cree que la podría usar con regularidad. Por el contrario, puede llegar a alquilar una en un negocio de alquiler de herramientas.

El trabajo con una sierra de este tipo requiere de cierta práctica para obtener buenos resultados, de manera que si usted no está acostumbrado a utilizarla, practique con trozos de madera que le sobren.

Confección de los soportes de libros

Una vez que esté listo para pintar los ositos, siga los pasos tres y cuatro. Si, para este proyecto, usted elige un esmalte no tóxico para aficionados, no será necesario que prepare la madera. Se los puede adquirir en latas pequeñas, en una amplia gama de colores y resultan durables y poseen un excelente acabado. Asegúrese de limpiar bien todos sus pinceles entre cada color y después de terminar el proyecto con alcohol fino. Como alternativa al esmalte en lata, se pueden adquirir pinturas en aerosol pero las gamas de colores son limitadas. Éstas son útiles para pintar las bases.

Cuando se haya finalizado con el paso cuatro, pegue los ositos a las bases y déjelos secar bien. Siga las instrucciones del paso cinco para confeccionar los libritos y el jarro, y luego pegue elementos a los soportes, al lado de los ositos. Debido a que los soportes para libros no son para niños muy pequeños, se pueden agregar otros elementos, haciendo uso de sobrantes de madera y de su propia imaginación. Por último, pegue apliques antideslizantes a las bases de los soportes.

Se necesita:
- Madera de pino: 2 trozos de 14 x 9 x 2 cm; 2 trozos de 10 x 9 x 2 cm; 2 trozos de 12 x 10 x 2 cm; 2 trozos de 3 x 4,5 x 1 cm
- Clavijas gruesas de 5 cm de largo
- Espigadora y sierra de marquetería
- Papel de lija
- Cola para madera
- Esmaltes no tóxicos verde, rojo, blanco, azul, amarillo, negro y beige.
- Alcohol fino
- Pincel fino para los detalles, pincel más grueso para las superficies
- Trozo pequeño de cable grueso
- 8 apliques antideslizantes para las bases

1 *De un trozo de pino de 2 cm, corte dos trozos de 14 x 9 cm y dos de 10 x 9 cm, utilizando una espigadora. Lije la madera hasta que quede bien suave, luego encole un trozo largo y uno corto, en forma de L.*
Repita este procedimiento con los otros dos trozos. Pinte los soportes de color verde y déjelos secar.

2 *Marque los modelos de ositos de la página 21 y cálquelos, con papel carbónico, sobre un trozo de madera de 12 x 10 x 2 cm. Alínee la parte posterior de la cabeza y la base del oso contra los bordes derechos de la madera. Ahora, corte la forma con una sierra de marquetería. Con una lija fina, pula hasta que quede suave.*

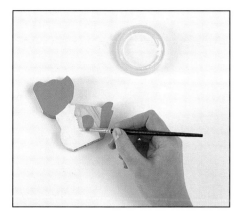

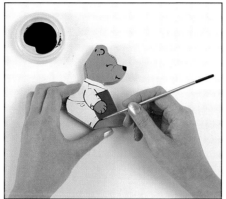

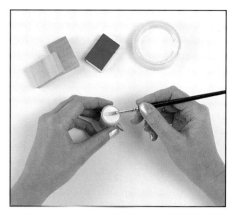

3 Pinte la cabeza, manos y pies, incluyendo los bordes de la madera. Asimismo, pinte la parte posterior del oso de color beige, a menos que desee colorear los detalles sobre el reverso. Deje que la pintura se seque, luego aplique una segunda capa si fuera necesario. Cambie por el color blanco y pinte la parte del pijama.

4 Ahora pinte el libro de color rojo, incluyendo el borde frontal. Deje que se seque bien. Luego, usando un pincel fino y pintura negra, agregue con cuidado todos los detalles del osito, tomando como referencia el del modelo. Una vez que esto se haya secado, cambie a celeste y pinte las rayas del pijama.

5 Realice libritos utilizando bloques de madera. Pinte las hojas de blanco antes de pintar la cubierta. Para hacer un jarro, corte una cantidad pequeña de clavija, formando la manija con un trozo de cable grueso. Encole los extremos del cable dentro de pequeños agujeros en uno de los costados del jarro. Pinte los lados del jarro de color amarillo y la parte superior de blanco.

Éste es el modelo en tamaño natural de los soportes de libros. Si desea que los ositos sean más grandes, no olvide de agrandar el tamaño de las bases en L.

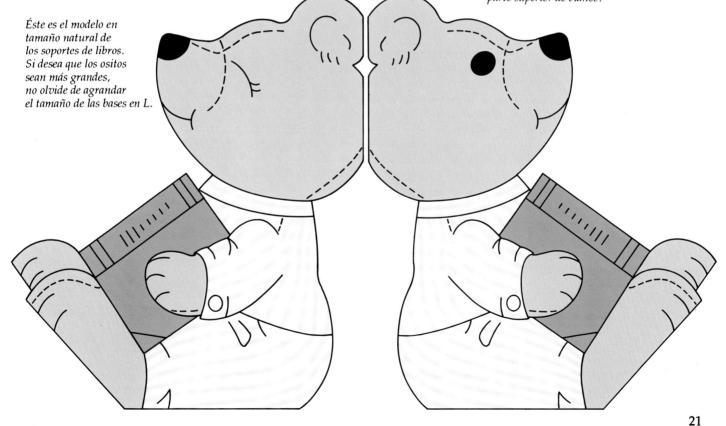

Ositos Sobre Alas

A bra un camino a través de la pared del dormitorio con estos intrépidos ositos voladores, confeccionados en tela de fieltro (paño lenci), en una amplia variedad de brillantes colores. Si se los termina con prolijidad en su parte posterior, se los puede también suspender del techo en forma de coloridos móviles.

Usted puede ubicar estos ositos voladores en una correcta formación de vuelo, como en la fotografía, o alineados en orden decreciente.

Se necesita:

- Fieltro (paño lenci) de color rojo: 4 trozos de 25 x 40 cm
- 30 cm cuadrados de fieltro (paño lenci) de cada uno de los siguientes colores: 4 verdes, 4 anaranjados, 1 azul, 1 blanco y 2 beige
- 30 cm de guata de terileno liviana
- Un paquete de entretela de pegar
- Almohadillas autoadhesivas para fijar a la pared
- Hilo de bordar Perlé blanco
- Hilos de coser de máquina de los colores correspondientes (excepto beige), más negro

Para este proyecto, se ha utilizado fieltro grueso de buena calidad y guata de terileno que le otorga a los aviones un hermoso aspecto acolchado. El uso de la friselina hace que los bordes estén más firmes, lo cual ayuda a que los aviones mantengan la forma.

Para comenzar, prepare plantillas de cartulina para los tres tamaños diferentes de avión. Luego, siga los pasos del uno al cuatro. Para el punto relleno a máquina, defina su máquina de coser en punto zig-zag medio y practique primero en un trozo de tela hasta que esté satisfecho con el resultado. Al final de cada sección, tire del hilo hacia atrás y átelo con firmeza.

Una vez que se haya completado el paso cuatro, despegue el forro de friselina del avión. En forma similar, una vez que haya terminado de hacer la hélice en el paso cinco despegue la friselina antes de coser, con unas pocas puntadas, la hélice en el extremo del avión. Corte pequeños círculos de fieltro de diferente color para los redondeles de las alas y péguelos sobre entretela de pegar. Recórtelos, despegue la friselina y planche los redondeles sobre las alas. Cuando haya confeccionado el osito tal como se lo describe en el paso seis, hágale una bufanda cortando un trozo de fieltro de 15 x 2,5 cm y terminándola con flecos en los extremos.

Corte una pequeña hendidura entre el cuello del oso y el brazo levantado y pásele la bufanda por allí. Ate luego la bufanda en uno de los lados.

1 Con un lápiz de punta, dibuje alrededor de la plantilla del avión sobre dos capas de fieltro rojo, luego marque la cabina del piloto. Una el ala y la cola del avión a un trozo de entretela de pegar y recórtelas. Despegue el forro de friselina y coloque las piezas en su lugar. Plánchelos en dicho lugar para que se pegue el fieltro.

2 Una las dos capas de fieltro rojo, utilizando hilo del mismo color en una máquina de coser que haga punto relleno. Cosa alrededor del borde de la cabina y a través de la parte superior del ala más baja. Con una tijera filosa, recorte con cuidado el fieltro del interior de la cabina, manteniéndose cerca de la costura pero cuidando de no cortarla.

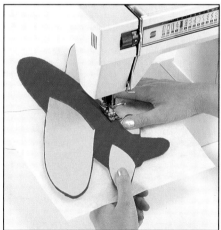

3 Coloque las dos capas de fieltro sobre una tercera capa, un trozo de guata de terileno y luego una capa final de fieltro, haciendo un total de cinco capas. Pinche con alfileres o mantenga en posición. Con una puntada derecha e hilos del mismo color, cosa con la máquina alrededor del avión, siguiendo el contorno marcado por el lápiz. Recorte alrededor del avión, cerca de la costura.

4 Coloque el avión sobre un trozo de friselina que sea un poco más grande que el mismo avión. Comenzando en el punto en que el borde del ala más baja toca el cuerpo principal del avión, cosa con punto relleno alrededor de las partes rojas. Cambie el color de hilo para que haga juego con las alas y cosa alrededor de las zonas restantes.

PUNTADAS DE BORDADO

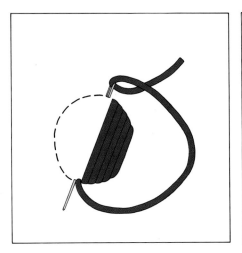

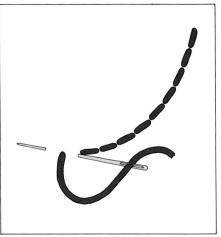

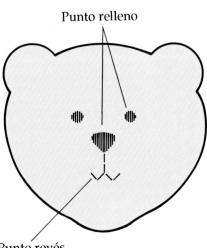

Punto relleno

Punto revés

Punto relleno

El punto relleno debe trabajarse en forma pareja para evitar que la tela se frunza. Haga puntadas derechas de lado a lado para llenar la figura, disponiéndolas bien juntas, de manera tal que se cubra la tela por completo.

Punto revés

Trabaje el punto revés con movimientos hacia adelante y hacia atrás, tal como se muestra en la figura, manteniendo una puntada pequeña y pareja. El resultado final debe ser una línea fina y prolija,

Arriba: *Siga este diagrama para bordar las caras de sus ositos.*
Derecha: *Para confeccionar los tres aviones, agrande el modelo tres veces —una vez utilizando un cuadrado de 2,5 cm, otra con uno de 2 cm y otra con 1,7 cm.*

5 *Dibuje la hélice sobre una doble capa de fieltro verde. Pinche el fieltro con guata entre medio. Con una costura derecha, cosa alrededor del contorno. Recorte la hélice, ubíquela sobre un trozo de friselina y cosa con punto relleno alrededor del borde.*

6 *Dibuje el osito sobre una doble capa de fieltro beige. Coloque guata entre las capas y cosa a máquina con una costura derecha, usando hilo negro y siguiendo las líneas de lápiz. Recorte el osito y cosa los detalles siguiendo la figura.*

Confección de las nubes

Confeccione en cartón una plantilla de la nube (usando el tamaño de grilla más grande). Luego, sobre una doble capa de fieltro blanco, trace con suavidad la forma de la nube tres veces. Coloque un trozo de guata entre las capas y pínchelas con alfileres. Cosa a máquina con costura derecha alrededor de los contornos y recorte las figuras cerca de la costura. Ubique las nubes sobre un trozo de friselina y con hilo blanco, cosa en punto relleno.

Con una aguja de bordar grande, pase las nubes por un hilo Perlé largo. Cosa uno de los extremos de dicho hilo a la última nube y el otro, a la parte posterior del avión más pequeño. Ubique a espacios regulares las otras dos nubes.

Para terminar, pegue almohadillas autoadhesivas a la parte posterior de las nubes y de los aviones. Despegue el auto-adhesivo y coloque los elementos en posición sobre la pared.

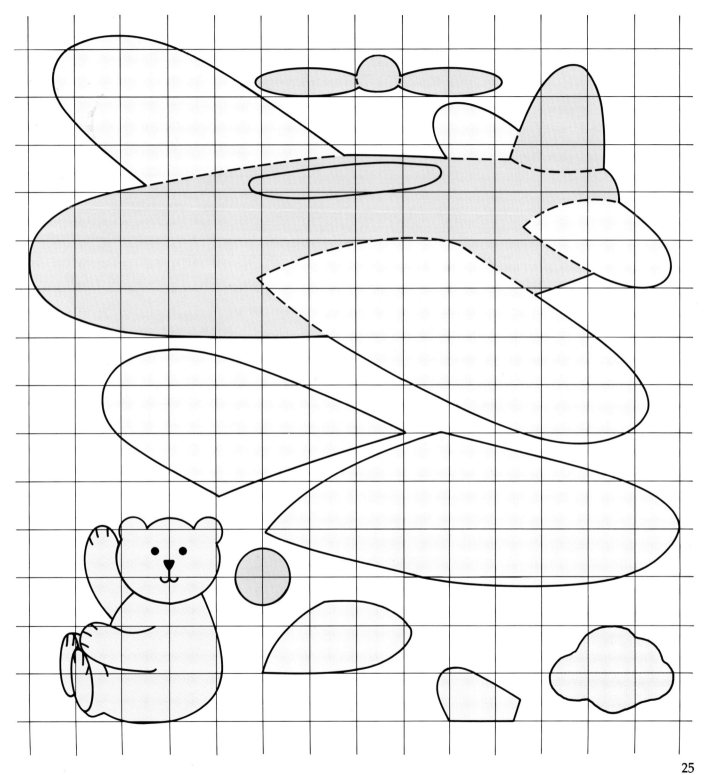

LA HORA DE LA FIESTA

La próxima vez que ofrezca una fiesta para chicos, ¿por qué no la hace con este tema de ositos presentados en una novedosa torta y en deliciosas galletitas de jengibre? Los ositos de pasta de azúcar son más fáciles de hacer de lo que usted imagina. Utilice la receta favorita para su torta y haga su propia pasta de azúcar o cómprela ya preparada para ahorrar tiempo.

El modelado con pasta de azúcar no es muy difícil y puede resultar efectivo. Se puede adquirir en todos los negocios de repostería, una amplia variedad de colores de pasta concentrados; no sirven los colorantes para alimentos comunes. Se debe agregar el color de a poco mientras se amasa la pasta con cuidado. Coloree toda la pasta que sea necesaria de una sola vez, ya que resulta dificultoso volver a conseguir el mismo color.

Una vez que usted haya hecho la torta, siguiendo los pasos del uno al seis, ¿qué le parece si hacemos algunos señaladores de lugar, usando los mismos ositos de pasta de azúcar? Corte un círculo de pasta blanca y déjela secar. Luego, haga un osito con esta pasta y péguelo en posición de sentado en el centro del círculo. Coloque un "regalito" al lado del osito y un palito de cocteles en su pata, con el nombre del niño escrito en un trozo de papel.

1 *Prepare 1,125 kg de pasta de azúcar, según la receta que se explica más arriba. Coloree 450 g de pasta de color rosa y envuelva el resto en plástico, para ser utilizado más tarde. Cubra un posatortas con un cuadrado de pasta rosada. Estire más pasta y, usando una plantilla de cartón, corte cuatro pequeños rectángulos para formar los individuales de la mesa. Envuelva el resto de la pasta con plástico.*

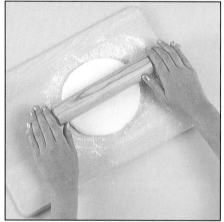

2 *Prepare una torta redonda de 20 cm y cubra con mazapán si lo desea. Coloque la torta en el centro del posatortas y, si la misma tiene mazapán, píntela con un poco de agua. Si no usa mazapán, píntela con jalea de damascos caliente. Estire 450 g de pasta de azúcar blanca hasta conseguir la forma de un círculo lo suficientemente grande como para cubrir la parte superior y los lados de la torta.*

3 *Con un palo de amasar, tapice la torta y deje que la pasta cuelgue a los costados, como si se tratara de un mantel. Con delicadeza lleve los pliegues a su lugar y elimine los excesos, con la ayuda de un cuchillo filoso. Estire un poco más de pasta y corte cinco pequeños hexágonos para los platos, utilizando un molde de corte. Pegue cuatro platitos sobre los mantelitos individuales, usando un poco de agua.*

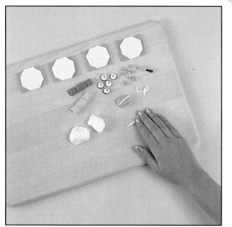
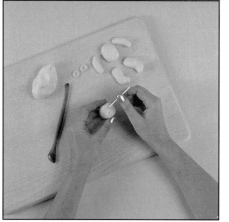
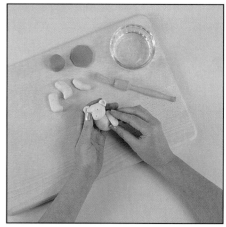

4 *Haga cuatro bombones sorpresa de colores con trozos de pasta. Coloree un poquito de pasta en color marrón, para hacer masitas y coloque sobre ellas un baño de color blanco. Coloree un poco de pasta en color rojo para hacerles a las masitas una cereza para decorar. Ahora, ubique las masitas sobre el quinto plato. Haga un paquetito y estire un poco de pasta blanca para hacerle la cintita.*

5 *Haga cuatro ositos en diferentes colores. Los ositos son básicamente iguales en la forma, pero se ubican en forma distinta sobre la torta. Coloree la pasta como lo desee. Luego, modele un óvalo para el cuerpo, dos brazos curvos, dos piernas y un par de orejas. Trabaje una bola de pasta para la cabeza y forme el hocico. Perfore con un palito los ojos y la nariz.*

6 *Arme los ositos utilizando un poco de agua para pegarlos. (Se puede dejar esta operación para el final, con los ositos armados sobre la torta) Ahora, haga cuatro banquitos de color. La base del banquito es un trozo de pasta tubular y la parte superior se puede hacer usando un molde cortador. Por último, una vez que todos los elementos estén secos, ubíquelos en la posición que desee.*

RECETA DE LOS OSOS DE JENGIBRE

- *225 g (2 tazas) de harina común*
- *1 cucharadita al ras de polvo de hornear*
- *2 cucharaditas al ras de jengibre molido*
- *1/2 cucharadita al ras de bicarbonato de sodio*
- *85 g (1/3 de taza) de azúcar negra mojada*
- *85 g (1/3 de taza) de jalea o almíbar*
- *170 g (1 1/2 tazas) de azúcar impalpable para la decoración*

Mezcle los elementos secos. Bata la margarina o manteca con el azúcar y el jarabe hasta que tengan una textura suave y liviana. Agregue los elementos secos y amase con cuidado.

Espolvoree la superficie de trabajo con harina y estire la masa hasta un grosor de 5 mm. Ahora, siga el paso siete (a la derecha).

Lleve las galletitas a una bandeja para hornear, ligeramente enmantecada. Hornee en el centro de un horno bien caliente, a una temperatura de 210° C, durante 10 minutos. Deje enfriar en la fuente. Cuando las galletitas estén frías, marque los ojos, la nariz y la boca usando azúcar impalpable mezclada con agua caliente, para que tenga una consistencia fluida. Deje que la decoración se asiente.

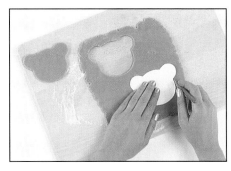

7 *Para confeccionar una plantilla para las galletitas, remítase a la fotografía de abajo, llevándola a la escala necesaria. Marque la forma en cartulina y córtela. Estire la masa y espolvoree con harina, coloque la plantilla encima. Corte alrededor de la figura con un cuchillo filoso.*

Para continuar con el tema de los ositos, también puede hacer algunos ositos de jengibre. Siga las instrucciones de la receta de la izquierda y remítase al paso siete para cortar las figuras de las cabezas.

Confección de los mantelitos individuales

Para completar los detalles de la fiesta, haga un juego de mantelitos individuales en colores que combinen. Agrande el modelo que se presenta en esta página al tamaño deseado, usando una grilla de 2,5 cm y remitiéndose a la página 7. Elija un color brillante de cartulina y calque el modelo del osito al reverso con papel carbónico. Corte la figura con una trincheta. Para cortar los individuales, se pueden adquirir elementos adecuados que protejan su lugar de trabajo, siempre que tenga que cortar con una trincheta.

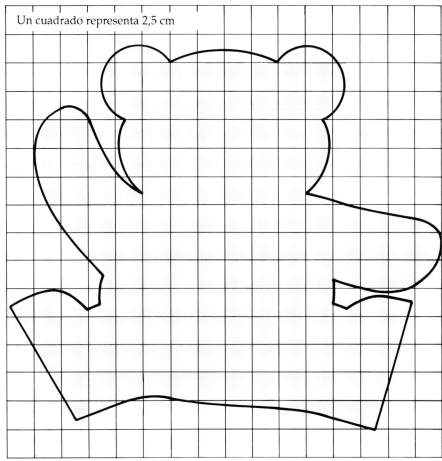

Un cuadrado representa 2,5 cm

TAPIZ INFANTIL

E *ste simple diseño trabajado en punto cruz y punto cruz tres cuartos y con el borde en punto Holbein, resulta lo suficientemente fácil para cualquiera que desee realizarlo. Constituye un accesorio ideal para un cuarto de niños tradicional, pero también puede hacer el deleite de cualquier adulto amante de los osos.*

Se necesita:
• Rectángulo de 40 x 50 cm de lino blanco
• 1 madeja de hilo de algodón en cada uno de los siguientes colores: azul, amarillo, violeta, rojo, verde, negro, marrón oscuro y marrón claro.
• Aguja de lana
• Bastidor o marco

PUNTADAS DE BORDADO

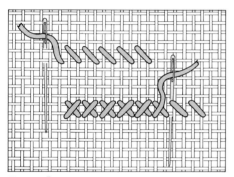

Punto Cruz
Primero, borde una fila de puntadas diagonales de derecha a izquierda de la figura que tenga que cubrir.
Luego, borde las diagonales superiores, retrocediendo en la dirección opuesta.

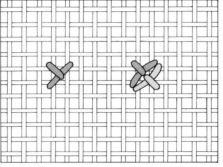

Punto Cruz Tres cuartos
Este punto se borda de la misma forma que el punto cruz completo, con la excepción de que la segunda puntada es sólo la mitad de la primera. Se puede bordar parte larga con parte larga, en dos colores diferentes.

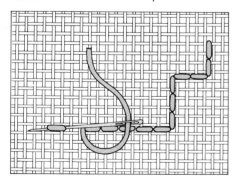

Punto Holbein
Borde una fila de puntadas a espacios regulares, a lo largo del borde de la figura, siguiendo la fila tal como sea necesario. Complete los espacios bordando en retroceso, en la dirección opuesta.

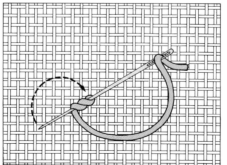

Nudo Francés
Sosteniendo el hilo en tensión sobre la superficie, dé vuelta a la aguja dos o tres veces. Tensione la vuelta, gire la aguja e insértela hacia el reverso de la tela.

Este tapiz fue bordado en lino, una tela de excelentes cualidades de manejo y durabilidad. El uso del punto cruz tres cuartos es vistoso para las partes redondeadas, cuyo efecto es resaltado con los contornos bordados en punto Holbein.

Comience por recortar los bordes del trozo de lino, ya sea pasándole un zig-zag a máquina o haciéndole un simple dobladillo. Puede resultar útil en este tipo de bordado, encontrar el punto central. Para conseguir esto, hilvane una línea horizontal y otra vertical por la mitad del trozo de tela; el centro será el punto en el cual se cruzan las líneas.

Estire la tela en un bastidor o marco grande, para mantenerla derecha. El uso de un bastidor asegurará una costura pareja y precisa y el trabajo sólo necesitará de un simple planchado cuando se lo concluya.

Bordado
Encuentre el cuadro del centro sobre el diagrama de la página 32 y comience el bordado en el punto correspondiente, sobre su tela. Trabaje hacia afuera desde el centro, utilizando tres hebras de hilo de bordar. Una vez que se haya terminado la familia de osos, haga el punto Holbein con hilo de color negro o marrón oscuro para resaltar el contorno de las figuras. Por último, realice los ojos, bocas y botones con nudo francés.

Ositos En La Cocina

O torgue a su cocina un toque hogareño con estos ositos mieleros que llevan pasteles recién horneados. Pintados con brillantes pinturas de cerámica, esparcirán color a una simple porcelana blanca. Así como para los jarros y platos, el diseño se puede adaptar para diferentes utensilios tales como los frascos de la alacena. Asimismo, pueden realizar aplicaciones en algún juego de servilletas que combine con el conjunto.

Aunque sea muy decorativa, esta porcelana pintada a mano no es buena para el uso diario. Limpie la porcelana, luego marque el modelo de la página 34 y lleve el diseño a una película autoadhesiva que se puede adquirir en las casas de dibujo técnico.

Para decorar los jarros, siga las instrucciones de los pasos uno y dos. Decore todos los platos de la misma forma, disponiendo los ositos alrededor del borde. Termine con algunos diseños extra, entre los animalitos. Cuando la pintura esté seca, añada una capa de barniz para cerámica.

Se necesita:
• Platos y jarros simples color blanco
• Lápiz de punta de porcelana
• Película autoadhesiva
• Pinturas y barniz para cerámica
• Pinceles
• Servilletas
• Trozos de tela
• Entretela para pegar
• Hilo de coser e hilo de bordar de color negro

1 *Corte el oso y coloque película autoadhsiva sobre el jarro. Marque el borde de la figura con un lápiz de punta de porcelana, luego retire la película y añada los otros detalles.*

2 *Primero, pinte las zonas amarillas y cuando éstas estén secas, pinte las líneas rojas del babero para que se asemejen a un tejido rejilla. Pinte el pastel de marrón dorado y por último, los contornos de negro.*

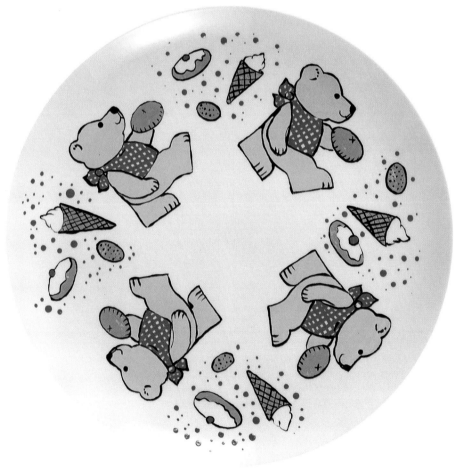

Confección de las servilletas

Para este diseño, seleccione un juego de servilletas simples, de color brillante. Las de tela de lino son las que dan mejores resultados. Para las aplicaciones de ositos, los trozos de algodón son los ideales.

Planche un trozo de entretela de pegar sobre el reverso de las telas seleccionadas para las aplicaciones. Marque la forma del osito de esta página y lleve el modelo sobre el papel de forro de la entretela, sin olvidar el reverso del diseño. Repita el procedimiento para el babero y el pastel.

Ahora, siga los pasos uno al tres para completar la aplicación. Utilice hilo negro en su máquina de coser y, para obtener un buen resultado, asegúrese de que tanto el hilo superior como el de la bobina sean del mismo color. Para su máquina, se recomienda seleccionar una costura de punto zig-zag medio. Es recomendable practicar en trozo de tela antes de comenzar el proyecto.

Cuando se haya terminado el trabajo de máquina, borde un ojo y una nariz sobre el osito, utilizando hilo de bordar y punto relleno, tal como se lo describe en la página 24.

Use el tamaño de este modelo para cortar las partes de tela para la aplicación, asegurándose de cortar una pieza separada para el pastel.

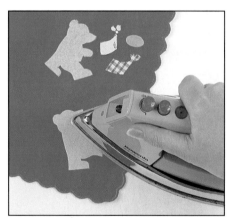

1 *Corte las figuras del osito, el babero y el pastel, siguiendo el contorno sobre el forro de la entretela de pegar. Despegue el papel y coloque el oso en posición sobre una de las esquinas de la servilleta. Planche el motivo sobre aquélla, siguiendo las instrucciones del fabricante. Deje de lado, por el momento, las piezas para el babero y el pastel.*

2 *Comenzando por el pie del osito, cosa en zig-zag alrededor de la figura, girando con cuidado el trabajo en las puntas. Cuando llegue nuevamente al comienzo, tire de los hilos y asegúrelos con firmeza sobre el reverso. Cosa a máquina alrededor del brazo. Ahora, ubique el babero en su lugar.*

3 *Pegue el babero a la aplicación y cosa a máquina alrededor de la figura con punto zig-zag. Una vez que haya hecho esto, cosa alrededor del nudo, en la espalda del oso, tomando como referencia el modelo. Coloque el pastel sobre la mano del oso y péguelo en su lugar. Cosa en zig-zag alrededor del pastel y a través del brazo del oso.*

Un Almohadón Cómodo

*E*ste encantador almohadón con el osito dormilón se confeccionó utilizando una aplicación —una técnica simple de costura que permite obtener un resultado atractivo. Hemos usado una tela gamuzada para la confección del oso, que le otorga una textura suave, muy parecida a la piel. Si no llegara a conseguirla, utilice corderoy o terciopelo. Para el forro del almohadón, se seleccionó algodón rasado, de rica apariencia brillosa.

Se necesita:
- 60 cm de tela verde
- 20 cm de tela beige
- 20 cm de tela color crema
- 20 cm de tela color durazno
- 3 m de cordón grueso para el vivo
- 20 cm de guata liviana de terileno
- 50 cm de relleno de almohadón
- Hilos de coser en color durazno, crema, verde y marrón
- Pie de cierre relámpago (para hacer el vivo)

Agrande el modelo de la página 39 al tamaño que desee, usando el método descripto en la introducción de la página 7 y haciendo cada uno de los cuadros de su grilla de 2,5 x 2,5 cm. Seleccione un papel para el molde que sea, aunque liviano, lo suficientemente fuerte como para soportar las varias perforaciones de los alfileres.

Corte dos cuadrados de tela verde de 53 cm —que incluye un espacio para la costura de 1,5 cm— y dos tiras de tela de color durazno de 150 x 5 cm. Ajuste el largo y la cantidad de tiras de acuerdo con el ancho de su tela. Ahora, siga los pasos uno y dos. Cuando cosa a máquina cada una de las partes descriptas, utilice siempre hilo del mismo color para un buen acabado.

Luego, disponga las diferentes partes sobre uno de los dos cuadrados verdes. Comience por los almohadones de color durazno, tal como se lo describe en el paso tres. Cuando siga al paso cuatro, debido a que los bordes internos del almohadón están cubiertos por el cuerpo del oso, puede experimentar un poco con la posición del animalito. Por ejemplo, incline un poco la cabeza sobre uno de los lados y el osito se verá más somnoliento. Mueva los pies levemente para un efecto distinto. Asegúrese de que esté satisfecho con la posición de cada parte antes de continuar con la siguiente capa.

Con el uso de este método de aplicaciones, el oso tendrá un aspecto levemente acolchado y no habrá bordes sin coser, aun cuando se utilizó una costura derecha en lugar del punto relleno, para bordear cada una de las partes. Siempre recuerde llevar los hilos hacia el reverso del trabajo y asegurarlos para evitar que se descosan las costuras.

Terminación de los detalles

Una vez que se cosió el osito en su lugar, se debe prestar atención a su cara. Coloque la nariz sobre el hocico y cósala con el mismo punto relleno descripto en el paso cinco.

Por último, borde con hilo de bordar marrón claro, unos pocos puntos franceses (consulte la página 31) sobre la cara del oso.

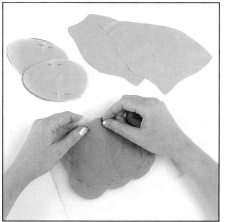

1 *Pinche con alfileres las piezas del modelo para las diferentes partes del diseño, sobre las telas que correspondan. Con cuidado, corte cada figura y pínchelas de a una, con el lado derecho hacia abajo, a la guata de terileno. Hilvane y cosa luego a máquina alrededor de cada pieza, con punto derecho, aproximadamente a 5 mm del borde.*

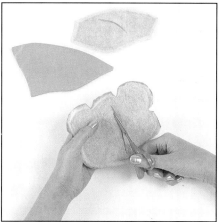

2 *Con una tijera pequeña y filosa, corte con cuidado una hendidura en el centro de la guata de 5 cm de longitud. Recorte las curvas donde sea necesario y dé vuelta cada una de las partes hacia el lado correcto, asegurándose de que todas las curvas y las esquinas hayan desaparecido. Planche las piezas con una plancha fija antes de armar.*

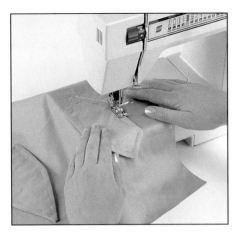

Confección del forro del almohadón

Una las dos tiras de tela color durazno para hacer una sola pieza. Doble la tira por la mitad alrededor del cordón para el vivo, con el anverso de la tela hacia arriba. Pinche con alfileres y cosa a máquina cerca del cordón.

Pinche con alfileres uno de los extremos de la tela al cordón y luego una la tela, ajustando las juntas a espacios regulares, a lo largo de toda la longitud de 2,2 m. Ahora, siga el paso seis.

Coloque las dos partes del almohadón haciendo coincidir los anversos y las puntas. Pinche con alfileres e hilvane todo alrededor del borde, luego cosa a máquina, usando un pie de cierre, cerca del cordón del vivo. Deje una abertura de aproximadamente 25 cm para insertar el cuerpo del almohadón.

Recorte las esquinas del forro antes de darlo vuelta. Planche el forro, inserte el cuerpo del almohadón y con cuidado cosa a mano la abertura con punto atrás. En forma alternativa, puede insertar un cierre relámpago de manera tal que pueda retirar el cuerpo del almohadón para su limpieza.

3 *La aplicación se va formando por capas, trabajando desde la base constituida por los almohadones del osito hasta las patas. Presente todas las partes sobre el almohadón verde y elija la posición de los almohadones de color durazno. Pínchelos con alfileres en su lugar, luego hilvánelos a la tela verde. Con hilo del mismo color, cósalos alrededor cerca del borde.*

4 *Pinche e hilvane el cuerpo del oso en su lugar, tomando como referencia la fotografía. El cuerpo debe solapar los almohadones de color durazno. Cósalo en el lugar como lo hizo anteriormente, y continúe con las otras piezas. La siguiente pieza a coser es la cabeza, luego el hocico, la panza y los pies de color crema. Siempre pinche e hilvane cada pieza en el lugar antes de coserlas,*

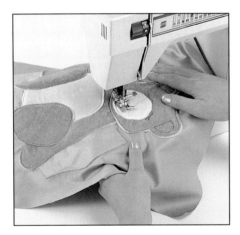

Derecha: *Marque las figuras del oso y de los almohadones sobre papel cuadriculado, donde cada cuadrado tenga 2,5 cm. Este diseño se puede utilizar para decorar la cuna de un niño o una colcha.*

Arriba: *Si los colores durazno y verde no combinan con la decoración de su habitación, realice el diseño en colores diferentes al esquema.*

5 *Con una costura de punto relleno en su máquina, ahora agregue los detalles del osito. Elija hilo de color marrón más oscuro para que contraste con el beige. Comience por la cabeza y trabaje hacia abajo desde la cara hasta los pliegues de los brazos y el ombligo de la panza. Termine con los pies, cosiendo cuatro pequeñas líneas en cada pie y un círculo interno, que represente la planta.*

6 *Comenzando en el centro de uno de los lados, pinche con alfileres el cordón recubierto del vivo, alrededor de todo el almohadón, haciendo coincidir los bordes salientes. En los lugares en que se encuentren los extremos, corte el cordón dentro de la tela, para evitar una unión desprolija o tosca. Solape brevemente los extremos de la tela, llevándolos hacia los bordes del almohadón. Cosa a máquina*

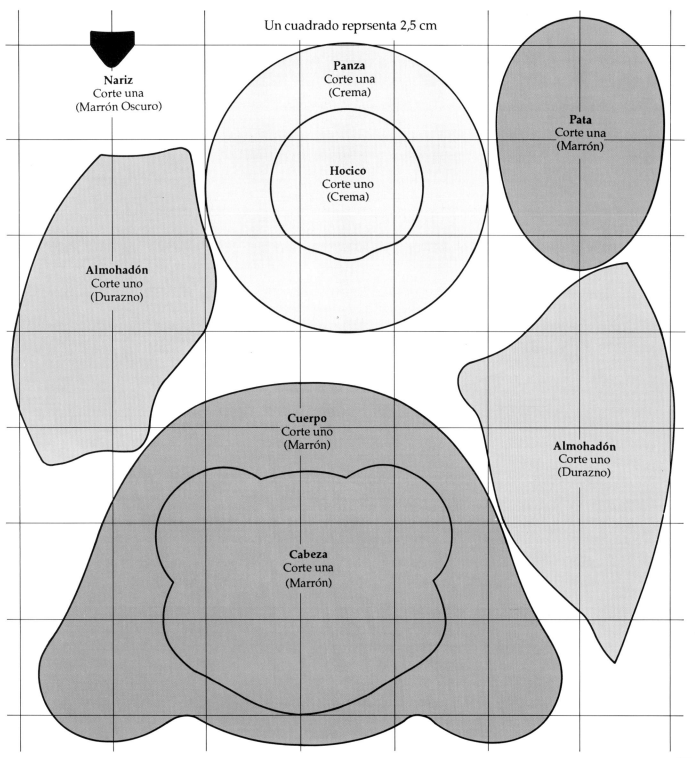

Un cuadrado reprsenta 2,5 cm

Nariz
Corte una
(Marrón Oscuro)

Panza
Corte una
(Crema)

Hocico
Corte uno
(Crema)

Pata
Corte una
(Marrón)

Almohadón
Corte uno
(Durazno)

Almohadón
Corte uno
(Durazno)

Cuerpo
Corte uno
(Marrón)

Cabeza
Corte una
(Marrón)

SUÉTER CON OSITO

*T*eja este colorido y acogedor suéter con osito para mantenerse caliente este invierno. El modelo se presenta en dos tamaños, para medidas 86-91 cm (talle 1) de busto ó 97-102 cm (talle 2). Lo puede tejer con cuello como se ve en la fotografía o sin él.

Medidas
Para un busto de 86-91 (97-102) cm
Medidas reales
Busto de 102 (114) cm
Largo de mangas desde el hombro
64 (65) cm
Puño de la manga 46 cm

Tensión
Un cuadrado de 10 cm, realizado con agujas de 4 mm, da 22 puntos y 28 hileras.

Abajo: *Estas son las medidas para las partes terminadas del suéter.*

Abreviaturas
D derecho, r revés, p(s) punto(s), **aum** (aumentar), **dis** disminuir, **H1** hacer 1 como sigue: levantar la lazada entre el p recién tejido y el siguiente p sobre la aguja de la mano izquierda y d hacia atrás (aumento), **com** comenzar, **cont** continuar, **mod** modelo, **rep** repetir.

Delantera
** Con agujas de 3 1/4 mm y A, montar 99 (109) ps.

Elástico
Hilera 1 D1, * r1, rep desde * hasta el final.

Se necesita:
• Para el color principal en color A (rojo) 9 x 50 g de pura lana
• 3 ovillos de la misma calidad para el contraste color B (blanco)
• 1 ovillo de cada uno de los mismos colores de contraste, en la misma calidad: C (gris), D (rosa), E (verde) y F (azul)
• Agujas de tejer de 3 1/4 mm y una de 4 mm

Hilera 2 R1, * d1, rep desde * hasta el final. Rep estas 2 hileras para 8 cm, terminando con la hilera 1.
Hilera de aum 4 (2), * H1, nervaduras 7, rep desde * hasta los últimos 4(2) ps, H1, nervaduras hasta el final. 113 (125) ps.**
Cambie por agujas de 4 mm.
Una y corte colores tal como sea necesario. Cuando trabaje en el mod, lleve la hebra que no utilice, en forma suelta, hacia el reverso del tejido. Para el motivo

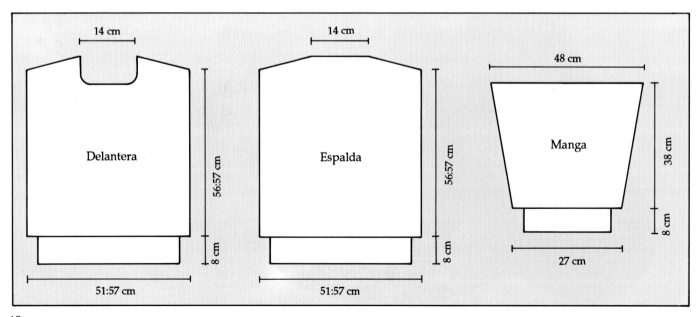

Delantera — 14 cm / 51:57 cm / 56:57 cm / 8 cm

Espalda — 14 cm / 51:57 cm / 56:57 cm / 8 cm

Manga — 48 cm / 27 cm / 38 cm / 8 cm

Arriba: *Esta fotografía muestra el detalle del diseño. Siga nuestro esquema de colores o seleccione otros para obtener un efecto diferente.*

Foto de la derecha: *Teja su suéter con osito en punto jersey, siguiendo el diseño del diagrama, cuadro por cuadro.*

del osito, utilice ovillos separados de lanas para cada zona de color y lleve juntas las hebras hacia el reverso del tejido, cuando sea necesario cambiar el color, para evitar que se haga un agujero. Leyendo las hileras de número impar (D) de derecha a izquierda y las de número par (R) de izquierda a derecha, teja en el mod desde el diagrama tal como se explica a continuación:

Hilera 1 Con A, d hasta el final.
Hilera 2 Con A, r hasta el final.
Hilera 3 D5A, * 1B, 5A, rep desde * hasta el final.

Hilera 4 R5A, * 1B, 5A, rep desde * hasta el final.
Com con la hilera 5, cont en el mod desde el diagrama, dando forma al cuello y a los hombros tal como se indica y dejando 19 ps en suspenso, en la delantera del cuello, en una aguja suplementaria.

Espalda
Teja igual que para la delantera, desde ** hasta **.
Cambie por agujas de 4 mm.
Teja en el mod tal como se indica a continuación:
Hilera 1 Con A, d hasta el final.
Hilera 2 Con A, r hasta el final.
Hilera 3 D2A, * 1B, 5A, rep desde * hasta los últimos 3 ps, d1B, 2A.
Hilera 4 Con A, r hasta el final.
Hilera 5 Con A, d hasta el final.
Hilera 6 Con A, r hasta el final.
Hilera 7 D5A, * 1B, 5A, rep desde * hasta el final.
Hilera 8 Con A, r hasta el final.

Estas 8 hileras forman el elástico. Cont er el mod hasta que las medidas de la espalda sean iguales a la delantera hasta los hombros, terminando con una hilera al revés.

Forma de los hombros
Cierre 10 (12) ps al com de las siguientes 6 hileras, luego 11 ps al com de las siguientes 2 hileras. Corte la lana y deje los 31 ps restantes en aguja suplementaria.

Mangas
Con agujas de 3 1/4 mm y A, ponga 51 ps. Teja 8 cm de elástico, tal como se explicó para la delantera, terminando con la hilera 1.

Hilera de aum Nervaduras 9, * H1, nervaduras 5, rep desde * hasta los últimos 7 ps, H1, r7, 59 ps.
Cambie por agujas de 4 mm.
Tal como se hizo para la espalda, aum y teja 1 p al final de cada 9 y cada 4 hileras hasta que se llegue a 105 ps. Teja sin parar hasta que la manga mida 46 cm desde el comienzo del puño, terminando con una hilera de revés. Cierre.

Cuello
Una la costura del hombro derecho.
Con el lado derecho mirando hacia usted, use agujas de 3 1/4 mm y A, levante y d28 ps hacia el lado izquierdo de la delantera del cuello, d19 ps desde los puntos en suspenso de la delantera del cuello, levante y d28 ps desde los puntos en suspenso de la parte posterior del cuello. 106 ps.
Trabaje en 5 cm de elástico d1, r1.
Cierre en punto elástico.

Escote
Con agujas de 3 1/4 y A, ponga 121 ps.
Trabaje en 10 cm de elástico tal como se explicó para el ribete de la delantera.
Cierre en punto elástico.

Terminación
Una el hombro izquierdo y la costura del cuello. Doble el cuello por la mitad del reverso y cosa en su lugar. Colocando los bordes del escote en el centro de la delantera, cosa el borde aumentado del escote en el interior del cuello. Doble las mangas por la mitad, luego, colocando los dobleces en la parte superior de las mangas, ubique en las costuras de los hombros, cosa en dicho lugar. Una los costados y las mangas.

Tamaño B

Tamaño A

Conjunto De Suéter Y Bufanda

*S*entador tanto para niños como para adultos, aquí presentamos la manera apropiada de alegrar un simple suéter con bufanda. Este diseño encantador se realizó con la técnica de aplicación, utilizando una combinación de tela imitación piel y satén, para obtener así un interesante contraste de texturas.

Se necesita:
• Suéter y bufanda tejidos a máquina
• Un trozo pequeño de tela imitación piel de color beige
• Un trozo pequeño de satén verde
• Hilo de coser negro, dorado y verde
• Un paquete de entretela de pegar
• Papel carbónico

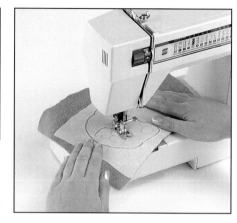

Para este diseño puede adquirir o tejer un conjunto de suéter y bufanda, de color vivo y brillante.

Para realizar el conjunto de aplicaciones, copie primero el modelo de cabeza de oso y el moño en una grilla con cuadrados de 2,5 cm, agrandándolo al tamaño deseado, mediante el método descripto en la página 7. Adhiera un trozo de entretela de pegar al reverso de la tela imitación piel, que se cortó levemente más grande que el modelo de la cabeza. Con papel carbónico, calque el diseño en el forro de papel de la entretela.

Aplicación del diseño
Una vez que haya terminado de armar las piezas de la cabeza y del moño, de acuerdo con las instrucciones de los pasos uno al tres, retire el papel de forro de la entretela del reverso de los diseños y coloque estos elementos sobre las prendas tejidas, en la posición que desee. Cúbralas con un trapo húmedo y planche con cuidado con una plancha caliente para que se adhieran las telas. Por último, con puntada pequeña, cosa con cuidado las aplicaciones, alrededor del borde del trabajo.

1 *Defina su máquina de coser en un punto medio de zig-zag. Con el reverso de la tela de piel hacia arriba, cosa a máquina alrededor del contorno de la cabeza, usando hilo dorado. Cosa alrededor de la curva del hocico y del interior de las orejas. Al final de cada hilera de puntos, lleve los hilos sueltos hacia el reverso del trabajo y sujételos.*

Un cuadrado representa 2,5 cm.

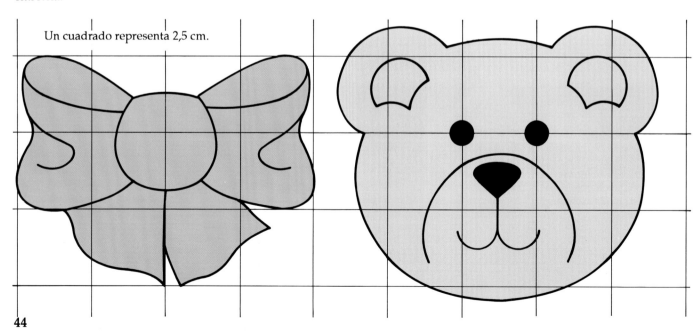

2 Cambie a negro, en la máquina de coser, el color de hilo. Luego, aún trabajando en el reverso de la cabeza, siga las líneas para la boca, comenzando con la nariz. Luego, cosa con punto zig-zag para rellenar la nariz y los ojos. Dé vuelta el trabajo para verificar que no quedó ninguna parte sin hacer. Con una tijera pequeña y afilada, corte los bordes de la cabeza, cerca de las costuras.

3 Planche un trozo de entretela de pegar a un trozo de satén o seda verde, corte levemente más grande que el modelo del moño. Lleve el modelo al reverso de la tela usando papel carbónico, sin olvidarse de completar todos los detalles. Con hilo verde y punto zig-zag mediano, siga los contornos sobre el papel de forro, completando todos los detalles. Recorte alrededor de la figura tal como lo hizo anteriormente.

EL TÉ DE LOS OSITOS

S *i hoy va a dar un paseo por el bosque, seguramente se va a llevar una*
sorpresa… Estos tradicionales ositos, vestidos con ropas simples, son articulados
de manera tal que se pueden sentar, saludar con la mano y girar las cabezas. En tres
diferentes tamaños, puede confeccionar un solo osito o el juego completo para el deleite
de niños de todas las edades.

Se necesita:

- 1 m de tela imitación piel de color beige (para 3 osos)
- Relleno de poliéster
- Ojos de seguridad: 16,5 mm para papá oso, 13,4 mm para los otros dos
- Hilo de coser fuerte
- Articulaciones: papá oso - 2 pares de 55 mm (para los brazos), 3 pares de 65 mm; mamá oso - 2 pares de 45 mm (para los brazos), 3 pares de 55 mm; osito - 2 pares de 35 mm (para los brazos), 3 pares de 45 mm
- Cepillo de cardar
- Restos de tela, puntilla y cinta para la ropa
- Cinta
- Hilo de bordar negro
- Fieltro (paño Lenci) marrón

La confección de un osito articulado no es una tarea tan difícil como aparenta. Hemos utilizado juegos de articulaciones rígidas, pero existen en el mercado otros tipos que también pueden usarse. Para realizar la mamá oso, agrande el modelo de la página 50, haciendo los cuadros de su grilla de 2,5 cm. Para papá oso, haga los cuadros de 2,8 cm y para el osito, de sólo 2 cm. Prepare plantillas de carton y marque las figuras sobre el reverso de la tela imitación piel, asegurándose de que el pelaje esté en la dirección correcta. Para confeccionar el delantal de mamá oso, corte tres piezas de tela cuadrillé una de 7 x 7 cm, otra de 14 x 26 cm y la tercera de 5 x 85 cm. Ahora siga los pasos del uno al once, para confeccionar el juguete.

Para realizar la mamá oso, agrande el modelo de la página 50

SUGERENCIAS PARA EL ARMADO DE JUGUETES

Siempre seleccione telas imitación piel de buena calidad.

Los principiantes deben seleccionar telas imitación piel con reverso tejido; éstas se estiran levemente y no se fruncen, así es más fácil su manipuleo.

Cuando se ubiquen las plantillas del modelo sobre la tela, preste especial atención a las flechas que indiquen la dirección.

Corte trozos de piel sólo de telas de poco grosor.

Gire la plantilla del modelo cuando corte una 2a. pieza asimétrica de piel.

Siempre sujete con alfileres y luego hilvane antes de coser.

Utilice alfileres con cabeza de vidrio ya que son más fáciles de encontrar; los alfileres en los juguetes son muy peligrosos para los niños.

Cosa las piezas de tela con los anversos enfrentados, a menos que se indique lo contrario.

Use un hilo de coser fuerte para las costuras a máquina; uno que contenga fibras hechas a mano constituye el mejor, ya que se estira poco.

Utilice un cepillo de cardar para retirar la piel que haya quedado atrapada en las costuras.

Use un instrumento de punta roma, como una aguja de tejer, para dar vuelta el juguete.

Cosa las cabezas con punto atrás, utilizando un dedal fuerte y una aguja de zurcir grande; si cose por lo menos dos veces la costura queda segura.

Siempre elija un relleno de buena calidad: los restos de tela dan al juguete un aspecto pobre.

PUNTOS ÚTILES

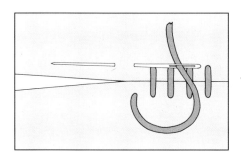

Para coser la nariz y la boca, empuje la aguja a través de la base de la cabeza a la esquina superior derecha de la nariz. Ahora siga el diagrama de más arriba para completar.

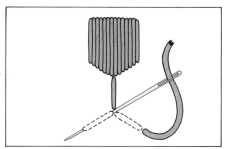

El punto atrás (arriba) se utiliza para cerrar y para pegar la cabeza al cuerpo. Haga puntadas apretadas a medida que avanza, para que éstas no sean muy visibles.

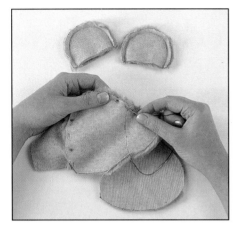

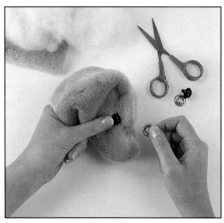

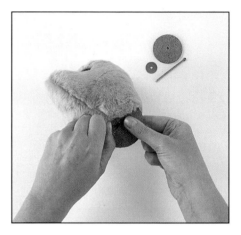

1 *Con los anversos enfrentados, cosa las orejas en pares, dejando el borde derecho abierto. Coloque las dos piezas de los costados de la cabeza del anverso y cosa por la costura A-B. Comenzando en el punto A, hilvane la nesga de la cabeza en su lugar, sobre uno de los lados, acomodando la tela a medida que avanza hasta el punto D. Hilvane el otro lado de la cabeza a la nesga y cosa alrededor de toda la figura.*

2 *Perfore pequeños agujeros en los lugares donde irán los ojos con la punta de una tijera filosa y dé vuelta la cabeza a su anverso. Inserte un par de ojos de seguridad a través de las perforaciones y asegúrelos en el reverso con las arandelas metálicas que acompañan a los ojitos. Observe todas las costuras y rellene la cabeza con generosidad, dándole una forma redondeada.*

3 *Si utiliza un juego de articulaciones rígidas, con chavetas de dos patas y arandelas, inserte primero una arandela en la pata. Luego, colóquele el disco rígido encima. Con la chaveta mirando hacia afuera, empuje el disco hasta la base de la cabeza, asegurándose que quede en el centro. Con un hilo fuerte y una costura continua, una el borde del cuello y asegúrelo con firmeza.*

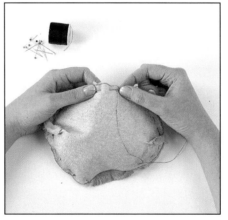

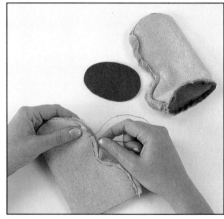

4 *Tomando como referencia la figura de la página 47, borde la nariz y la boca con hilo de bordar grueso. Dé vuelta las orejas y surfile los bordes. Sostenga una de las orejas, en forma plana, contra la cabeza tal como se muestra y cósala allí con un hilo fuerte. Luego, levante la oreja y, con punto atrás, cosa su parte posterior a la cabeza. Repita el procedimiento con la otra oreja.*

5 *Cosa las sisas a cada lado del cuerpo y perfore los agujeros de las articulaciones siguiendo el modelo. Coloque las dos mitades del cuerpo, con los anversos enfrentados. Cosa a máquina alrededor de la figura, dejando una abertura para poder darlo vuelta. Dé vuelta el cuerpo a su anverso. En este paso, es más fácil cepillar las costuras con el cepillo de cardar, antes de que los brazos y las piernas estén pegados.*

6 *Doble las piernas por la mitad. Cosa alrededor del borde curvo, dejando una abertura en la parte superior de cada pierna y el borde inferior derecho. Cosa en su lugar las plantas de las patas, acomodando la tela a medida que avanza, de manera tal que no se produzcan frunces. Perfore un pequeño agujero en cada pata, en la posición marcada en el modelo. Dé vuelta las piernas sobre sus anversos y verifique las costuras*

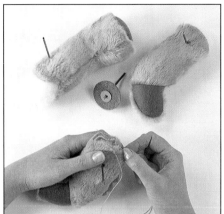

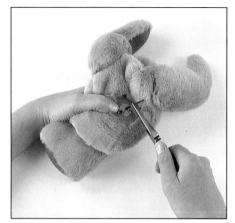

7 Cosa las palmas de las manos a los extremos de los brazos, entre los puntos E y F. Luego, doble los brazos por la mitad y, comenzando desde el punto E, cosa alrededor de cada brazo, acomodando la tela mientras avanza y dejando una abertura en la parte superior. Perfore el agujero de la articulación en la parte superior de los brazos, en el punto indicado. Dé vuelta los brazos sobre los anversos y revise las costuras. Rellene los brazos y las piernas por la mitad.

8 Ensarte las arandelas y los discos rígidos sobre las chavetas, para los brazos y las piernas. Introduzca la pata de la chaveta a través del agujero que hizo anteriormente y ubique el disco plano contra el reverso de la tela. La parte superior del disco debe quedar debajo del nivel del borde de la tela. Agregue más relleno hasta que los miembros estén completamente rellenos. Cierre la abertura con punto atrás.

9 Para armar el oso, tome primero uno de los miembros y empuje la chaveta a través del agujero correspondiente en el cuerpo. Dentro del cuerpo, ensarte otro disco rígido y luego una arandela sobre la pata. Remítase a la figura de abajo para asegurar la articulación. Repita el procedimiento con cada uno de los miembros y con la cabeza. Por último, rellene el cuerpo con generosidad y cierre la abertura con punto atrás.

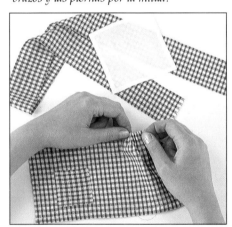

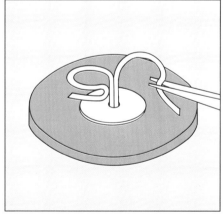

10 Para confeccionar el delantal, cosa primero el bolsillo en su lugar. Hágale un dobladillo en los tres lados y frunza la parte superior en 10 cm. Con las puntas juntas, cosa la tira a la parte superior del delantal. Doble la tira por la mitad, con los anversos enfrentados y cierre las puntas entre el delantal y los extremos de la tira. Dé vuelta las tiras sobre los anversos, doble las puntas hacia abajo y cósalas para cerrarlas.

11 Para el babero del osito, corte un círculo de tela que mida 8 cm y recorte sobre uno de los lados para obtener un borde derecho. Cosa puntilla alrededor de la línea curva y una tira de cinta de algodón en la parte superior, para atar alrededor del cuello del osito. Por último, confeccione un pañuelo blanco para adornar el delantal de mamá oso y ate moños brillantes en los cuellos de los osos.

Para asegurar la articulación, primero separe las puntas de la chaveta de patas, usando un par de pinzas. Tome, con las pinzas, una punta y tire hacia abajo y hasta la mitad del centro, dóblela en sentido contrario del centro hasta que la punta toque el disco rígido. Ahora siga doblando la pata hacia adentro, formando una R, tal como se muestra aquí. Repita el procedimiento con el otro lado, para que el miembro se sostenga con firmeza en su lugar.

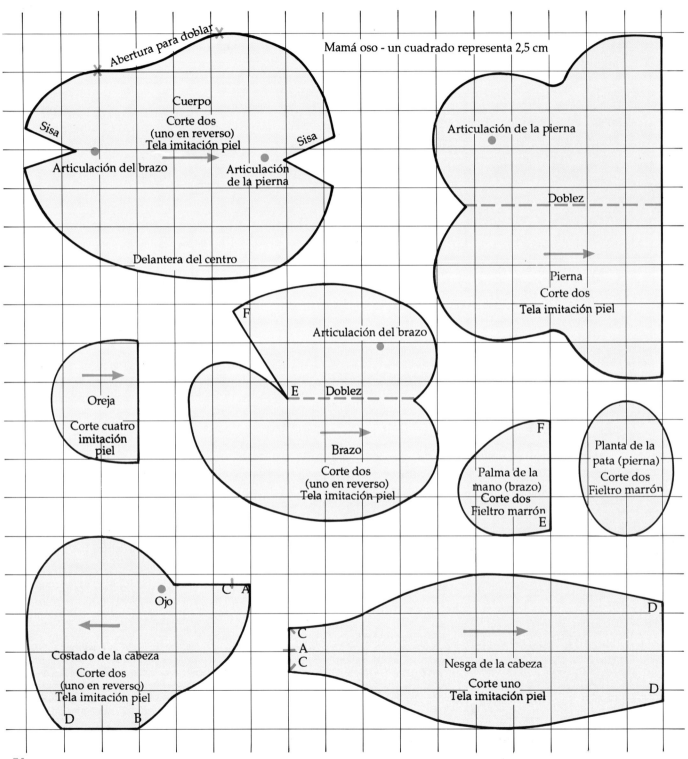

Abertura para doblar

Mamá oso - un cuadrado representa 2,5 cm

Cuerpo
Corte dos
(uno en reverso)
Tela imitación piel

Sisa

Sisa

Articulación del brazo

Articulación
de la pierna

Delantera del centro

Articulación de la pierna

Doblez

Pierna
Corte dos
Tela imitación piel

Articulación del brazo

F

E   Doblez

Oreja

Corte cuatro
imitación
piel

Brazo
Corte dos
(uno en reverso)
Tela imitación piel

F

Palma de la
mano (brazo)
Corte dos
Fieltro marrón

E

Planta de la
pata (pierna)
Corte dos
Fieltro marrón

C A

Ojo

Costado de la cabeza
Corte dos
(uno en reverso)
Tela imitación piel

D   B

C
A
C

D

Nesga de la cabeza
Corte uno
Tela imitación piel

D

HORA DE DORMIR

*E*sta *funda para la bolsa de agua caliente constituye una compañía ideal para ir a la cama en una noche de invierno. En el verano, la funda se puede utilizar para guardar el camisón.*

Se necesita:
- 50 cm de tela imitación piel
- Fieltro rojo, marrón y negro
- Hilo de bordar negro
- Relleno de poliéster
- 1 m de tela de algodón rayada
- 13 cm de cordón rojo
- Un cuadrado pequeño de tela de algodón blanca
- 5 cm de elástico de 5 mm de ancho
- Dos botones de 1 cm y un pompón blanco

Para confeccionar la funda, dibuje el modelo de las páginas 54 y 55 en tamaño natural, tal como se describe en la página 7. Realice plantillas de cartón de las piezas del modelo, marcándoles una flecha para indicar la dirección del pelaje y cualquier otra indicación, tales como las sisas y hendiduras.

Coloque las plantillas sobre la tela y dibuje su contorno con un marcador de fibra. Si se necesitan dos piezas asimétricas, gire la plantilla antes de dibujar la segunda (sin cambiar la dirección de la flecha), para obtener la imagen recíproca.

Corte todas las piezas con una tijera filosa. También corte un círculo de fieltro negro de 6,5 cm para el tapón de la bolsa de agua y una tira de fieltro rojo de 10 x 1,5 cm. Para el pañuelo, se necesita un trozo de tela de algodón blanca de 15 x 15 cm. Ahora, siga las instrucciones, paso a paso, de la página siguiente, para armar el osito.

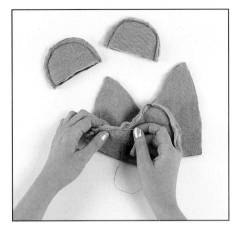

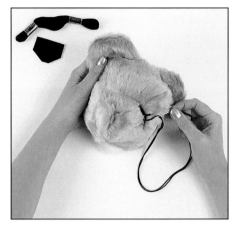

1 *Cosa las orejas en pares, dejando el borde inferior derecho abierto. Coloque juntas las dos piezas del costado de la cabeza, con los anversos enfrentados, y cosa a máquina a lo largo de la costura A-B. Despliegue el trabajo y pinche la nesga de la cabeza sobre uno de los lados, comenzando en el punto A y terminando en el C. Cosa la nesga a la cabeza, acomodando la tela para evitar frunces. Repita el procedimiento para el otro lado.*

2 *Dé vuelta las orejas sobre los anversos y cosa a máquina a través del borde inferior para ambas capas. Pinche una de las orejas a la cabeza tal como se muestra en la figura, con los bordes juntos. Haga coincidir el centro de la oreja con la costura de la cabeza y de la nesga. Cosa la oreja en su lugar. Repita el procedimiento con la otra oreja y luego cosa a máquina la parte posterior de la cabeza en su lugar, desde D a D.*

3 *Dé vuelta la cabeza sobre los anversos y revise todas las costuras. Rellene la cabeza y, con hilo de bordar doble de color negro, borde los ojos y la boca, siguiendo el diagrama de la página siguiente. Haga un pequeño ribete alrededor de la nariz de fieltro negro y, con puntadas pequeñas, cósala en su lugar. En forma alternativa, puede bordar la nariz.*

4 *Doble las piernas por la mitad y cosa la costura E-F, dejando los bordes superior e inferior derechos abiertos. Abra la base de los pies y cosa las plantas de las patas de fieltro en sus lugares, pinchando con alfileres e hilvanando como es costumbre, antes de coser a máquina. Dé vuelta las patas sobre sus anversos y rellene con poca cantidad. Cosa a través de la parte superior de las piernas, ubicando la costura en el centro de la parte delantera.*

5 *Corte las hendiduras de las piernas, tal como está marcado, en una de las piezas del cuerpo. Coloque estas piezas juntas con sus anversos enfrentados y cosa a máquina alrededor, dejando abierto el borde inferior derecho. Empuje los extremos de las piernas a través de las hendiduras, tal como se muestra, y cosa a través de todo el grosor. Doble hacia arriba la parte de abajo de las piernas para hacer un dobladillo ancho y cósalo sólo en la parte delantera.*

6 *Dé vuelta el cuerpo sobre los anversos y revise y cepille todas las costuras. Coloque un poco de relleno en cada brazo y cosa desde el brazo hacia el hombro para que el relleno se mantenga en su lugar. Doble el elástico en dos y cósalo al cuerpo, en la entrepierna, para formar una presilla. Cosa un botón al lado opuesto. Con hilo de bordar negro, borde las uñas de las patas.*

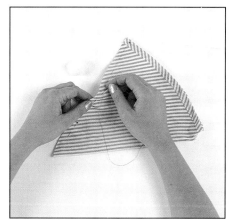

7 *Haga un pozo en el relleno del interior de la cabeza del oso. Coloque su mano dentro del cuerpo del oso y empuje el cuello dentro de la cabeza, acomodándolo en su lugar. Manteniendo una mano en el interior del cuello, cosa la cabeza al cuerpo con punto atrás y usando un hilo fuerte. Cosa alrededor de la cabeza varias veces antes de terminar, sujetando bien.*

8 *Cosa el bolsillo en la delantera de la camisa. Cosa las dos delanteras juntas, dejando una abertura en la parte superior. Con la delantera y la espalda juntas, cosa a través de los hombros y de los brazos. Haga un dobladillo en los extremos de las mangas, luego cosa las costuras laterales, dejando una abertura en la parte inferor. Por último, haga un dobladillo en la parte inferior y alrededor del cuello.*

9 *Cosa un botón en el cuello de la camisa de dormir y una presilla de elástico en el lado opuesto. Doble el gorro de dormir en dos y cosa la pinza. Abra el gorro y haga un dobladillo en la base. Vuelva a doblar el gorro, con los anversos juntos, y cosa la costura lateral. Dé vuelta el gorro y cosa un pompón en el extremo. Coloque el gorro sobre la cabeza y cósalo en su lugar.*

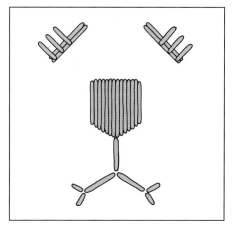

10 *Haga un dobladillo del cuadrado de tela de algodón blanco para hacer un pañuelito, para el bolsillo del osito. Para confeccionar la bolsa de agua caliente, dibuje la forma de la bolsa sobre una doble capa de fieltro rojo y cosa a máquina alrededor de la línea, dejando abierto el borde inferior derecho. Con una tijera filosa, recorte la forma cerca de las costuras. Rellene la bolsa con poca cantidad.*

11 *Haga una costura continua alrededor del borde del círculo de fieltro negro, coloque un poco de relleno en el centro y tire del hilo con firmeza, formando una bola. Empuje esta bola en el cuello de la bolsa y cósala en el lugar. Cosa una presilla de cordón al cuello de la bolsa. Cosa juntos los extremos de la tira de fieltro, para formar una presilla y colóquela alrededor del cuello de la bolsa.*

Para bordar la cara, utilice hilo de bordar doble. Empuje la aguja a través, desde la parte inferior de la cabeza hacia el ángulo interior del ojo. Cosa una puntada larga para el ojo y tres puntadas pequeñas para las pestañas. Cosa el otro ojo y termine con la boca. Para la nariz, cosa un trozo de tela de fieltro negra o bórdela con punto relleno.

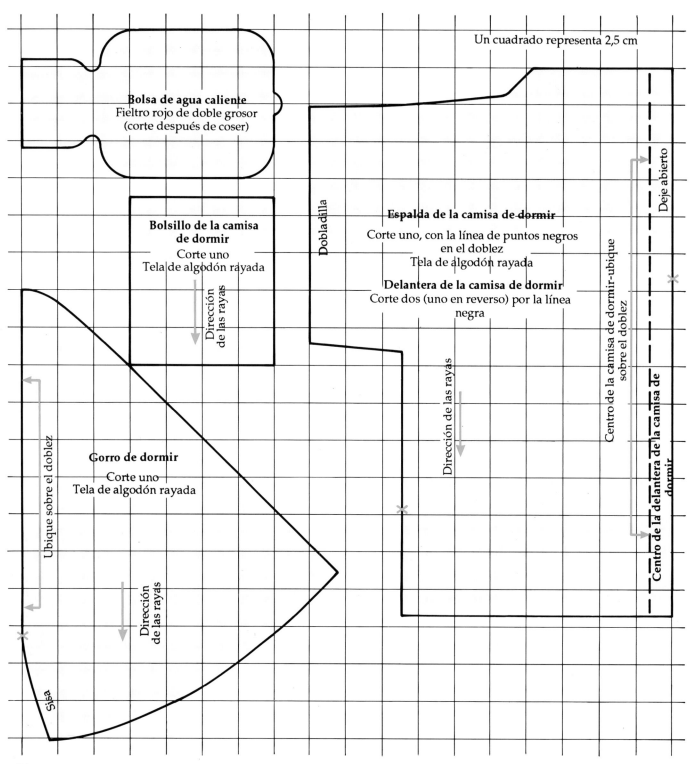

Un cuadrado representa 2,5 cm

Bolsa de agua caliente
Fieltro rojo de doble grosor
(corte después de coser)

Deje abierto

**Bolsillo de la camisa
de dormir**

Corte uno
Tela de algodón rayada

Dirección
de las rayas

Dobladilla

Espalda de la camisa de dormir

Corte uno, con la línea de puntos negros
en el doblez
Tela de algodón rayada

Delantera de la camisa de dormir

Corte dos (uno en reverso) por la línea
negra

Centro de la camisa de dormir-ubique
sobre el doblez

Dirección de las rayas

Gorro de dormir

Corte uno
Tela de algodón rayada

Ubique sobre el doblez

Dirección
de las rayas

**Centro de la delantera de la camisa de
dormir**

Sisa

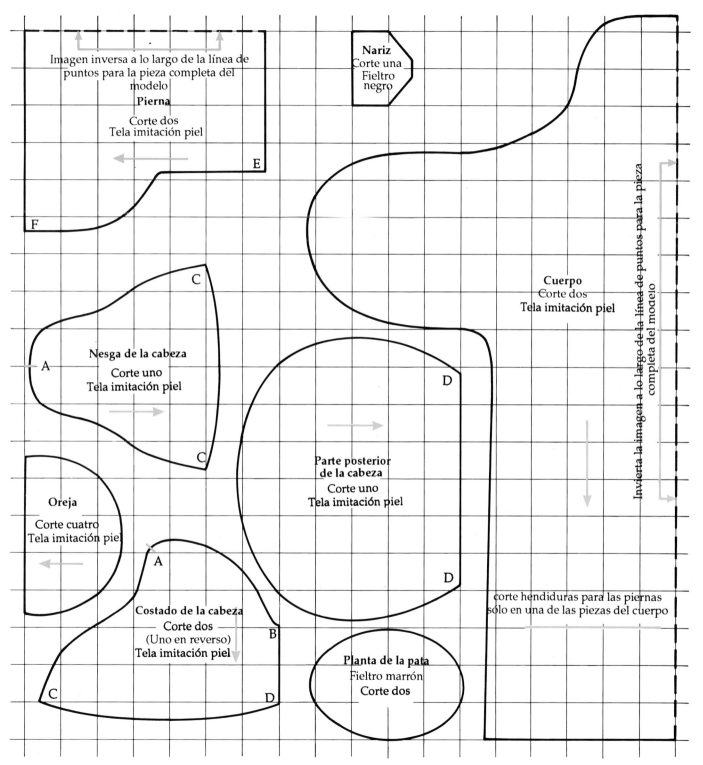

Imagen inversa a lo largo de la línea de puntos para la pieza completa del modelo

Pierna

Corte dos
Tela imitación piel

E

F

Nariz
Corte una
Fieltro
negro

Cuerpo
Corte dos
Tela imitación piel

Invierta la imagen a lo largo de la línea de puntos para la pieza completa del modelo

C

A

Nesga de la cabeza

Corte uno
Tela imitación piel

C

D

Parte posterior de la cabeza

Corte uno
Tela imitación piel

Oreja

Corte cuatro
Tela imitación piel

D

A

Costado de la cabeza
Corte dos
(Uno en reverso)
Tela imitación piel

B

corte hendiduras para las piernas sólo en una de las piezas del cuerpo

C

D

Planta de la pata
Fieltro marrón
Corte dos

55

MARIONETAS

Este encantador payaso marioneta se diseñó para niños mayores de siete años. Los mantendrá ocupados por horas, aprendiendo a manejar los miembros y a… ¡desatar los nudos! El vestido quedará muy vistoso si se utilizan colores vivos, con los detalles de un arlequín.

Se necesita:
- 30 cm de tela imitación piel
- Un par de ojos de seguridad de 16,5 mm
- 1 m de cordón grueso
- Un trozo pequeño de fieltro marrón
- Relleno de poliéster
- Cepillo de cardar
- Hilo de bordar de color negro
- 1 m de tela de algodón rayada
- 1,5 m de cinta de 4 cm de ancho
- Dos trozos de madera, uno de 2 x 1 x 25 cm, el otro de 2 x 1 x 38 cm
- 3 bolitas de madera
- Hilo o cuerda gruesa

Agrande el modelo y prepare las plantillas de cartón. Corte todas las partes en tela, tomando en cuenta la dirección del pelaje indicada por las flechas. Haga la cabeza, tal como se describe en el paso uno, en la página 48, pero deje una pequeña abertura en la base de la cabeza para insertar un trozo de cordón y una abertura más grande en la parte posterior para dar vuelta el trabajo y para el relleno. Luego, proceda con el paso uno descripto arriba.

Para hacer la cruceta descripta en el paso 9, lije primero los trozos de madera, para asegurarse de que no tengan astillas. Luego, encole las dos piezas para formar la cruz y deje que se seque. Perfore un pequeño agujero en el centro de la cruceta y uno a través de cada uno de los extremos de la pieza corta de madera. Perfore agujeros a través del lado de la pieza larga.

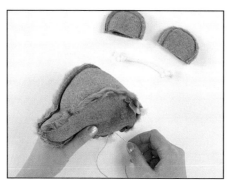

1 Corte cinco largos de 17,5 cm de cordón y átelos en ambos extremos. Empuje el extremo de una pieza a través del agujero de la base de la cabeza y cosa el nudo en el lugar. Haga perforaciones para los ojos, dé vuelta la cabeza e inserte los ojos de seguridad. rellene con generosidad la cabeza y cierre la abertura. Luego, dé vuelta las orejas y cósalas en su lugar. Por último, borde la nariz siguiendo las referencias de la página 47.

2 Doble las piernas por la mitad y pinche con alfileres uno de los cordones anudados, en la parte superior de cada pierna, entre las dos capas de tela. Cosa a máquina el contorno de la pierna, dejando abierto un espacio, para darlo vuelta, y los bordes inferiores derechos. Cosa las plantas de fieltro de las patas en sus lugares, en la base de las piernas. Dé vuelta las piernas sobre los anversos. Prepare los brazos de la misma forma, pero sin las palmas.

3 Perfore pequeños agujeros sobre los costados del cuerpo. Empuje los extremos del cordón de los brazos a través de los agujeros del brazo y cósalos en su lugar, del reverso de la tela. Repita el procedimiento para las piernas. Cosa las dos sisas de cada parte del cuerpo. Luego, coloque juntas las partes del cuerpo, con los anversos enfrentados y cosa el contorno, dejando una abertura en la parte posterior de la costura para dar vuelta.

4 Dé vuelta el cuerpo sobre los anversos y revise todas las costuras. Rellene con generosidad los brazos y las piernas, y cosa con punto atrás las aberturas. Rellene con generosidad el cuerpo, manteniendo una forma redondeada, y cierre la abertura con punto atrás. Ahora, cepille con cuidado todas las costuras, con un cepillo de cardar, prestando especial atención a las zonas que fueron cosidas a mano.

5 Sosteniendo la cabeza con la mano izquierda, cosa el extremo anudado del cordón de la cabeza a la parte superior del cuerpo, usando hilo fuerte. Asegúrese bien de que la cabeza esté perfectamente pegada, cosiendo alrededor del cordón varias veces y rematando con firmeza. Es importante que la cabeza esté bien unida al cuerpo, en este paso, ya que éste será el punto de tensión durante el juego.

6 Deje el osito de lado y confeccione la ropa. Cosa las costuras de los lados E-F, sobre el traje de payaso. Cosa la costura E-G sobre las mangas; doble las mangas por la mitad y, con los anversos juntos, cósalas al traje, haciendo coincidir los puntos D-E-D. Coloque juntas las dos mitades del traje, con los anverso enfrentados, y cosa las costuras H-J del centro de la delantera y espalda.

7 Cosa la costura de la pierna K-J-K. Colóquele el traje al muñeco y frunza la tela alrededor de las piernas, brazos y cuello usando una costura continua. Para el volado, corte una tira de tela de 70 x 10 cm y cosa juntos los extremos, para formar un lazo. Doble por la mitad y cosa los bordes con una costura continua. Coloque el volado alrededor del cuello del oso y frúnzalo. Repita con la cinta.

8 Doble el sombrero por la mitad y cosa el borde derecho. Dé vuelta sobre los anversos y rellénelo un poco. Junte la base, dejando un agujero en el centro. Corte una tira de tela de 70 x 10 cm, para hacer el volado descripto en el paso siete. Cosa el volado al sombrero y colóquelo sobre una de las orejas del osito, cosiéndolo en ese lugar con punto atrás. Agregue moños al sombrerito, al pecho y a los tobillos.

9 Cosa un largo de cuerda en la parte superior de la cabeza y empuje el otro extremo a través del agujero del centro de la cruceta. Ate una bolita al cordón y encole en el lugar. Póngale cuerdas a los pies desde las barras cortas, Para terminar, una uno de los extremos de un largo de cuerda a una de las patas, pase el otro extremo a través del agujero de la parte frontal de la cruceta y asegúrela a la otra pata.

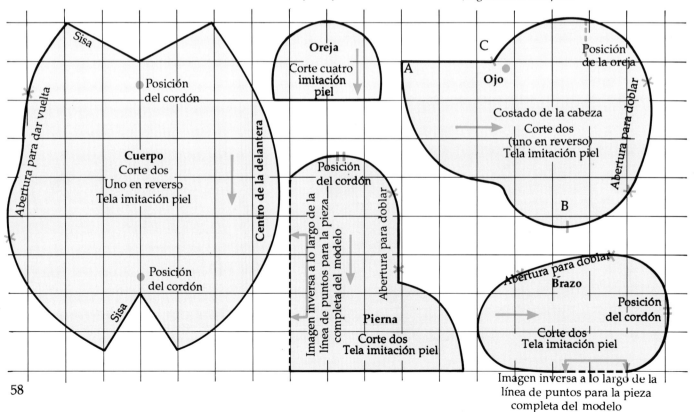

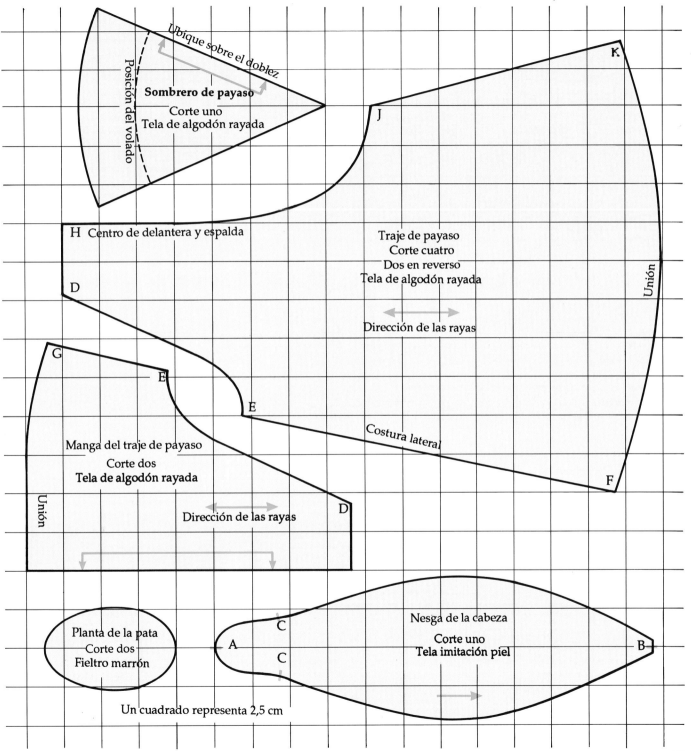

Ubique sobre el doblez

Sombrero de payaso
Corte uno
Tela de algodón rayada

Posición del volado

K

J

H Centro de delantera y espalda

D

Traje de payaso
Corte cuatro
Dos en reverso
Tela de algodón rayada

Dirección de las rayas

Unión

G

E

E

Manga del traje de payaso
Corte dos
Tela de algodón rayada

Costura lateral

F

Unión

Dirección de las rayas

D

Planta de la pata
Corte dos
Fieltro marrón

A

C

C

Nesga de la cabeza

Corte uno
Tela imitación piel

B

Un cuadrado representa 2,5 cm

TÍTERES

Sus hijos pueden hacer su propio espectáculo con estos mimosos títeres de mano, confeccionados en suave tela imitación piel. Son muy fáciles de hacer y poseen ojos y narices de seguridad, que se pueden adquirir en las casas de manualidades. Los títeres serán un entretenimiento por largas horas para niños pequeños, mientras que los mayorcitos se divertirán inventando sus propias historias.

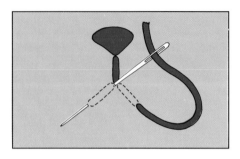

Para coser la boca, empuje la aguja a través de la base de la cabeza hacia la punta de la nariz. Cosa tres pequeñas puntas, tal como se muestra arriba para formar una Y.

Éste es un buen proyecto para principiantes que deseen comenzar con el armado de juguetes, en telas imitación piel. Simplemente vestimos los ositos con una bufanda, pero siempre se puede hacer un conjunto de ropa más compleja, siempre que usted tenga espacio suficiente para moverse.

Seleccione tela de buena calidad para los títeres, ya que estarán sujetos a mucha tensión durante el juego. La tela debe tener una cierta flexibilidad y el pelaje debe ser suave y abundante.

En la página 47, usted encontrará algunas sugerencias útiles para el armado de juguetes, por lo tanto, léalas con cuidado antes de comenzar. Recuerde siempre ser muy cuidadoso con el uso de alfileres, pueden olvidarse fácilmente en el trabajo.

Para confeccionar un títere, primero cuadricule el diseño de la página 63, usando una grilla de 2,5 cm y remitiéndose a las instrucciones de la página 7. Realice plantillas de cartón de cada una de las piezas de los títeres y luego siga los pasos del uno al nueve.

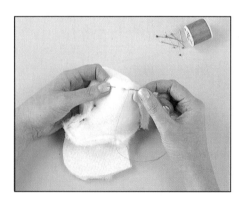

1 *Dibuje alrededor de las plantillas de cartón sobre el reverso de la tela de piel, asegurándose de invertir las piezas de los costados del cuerpo y de la cabeza. Corte las distintas partes. Ubique los costados de la cabeza con los anversos juntos y cosa entre los puntos A y B. Trabajando desde A a C, cosa la nesga a uno de los costados de la cabeza y luego al otro.*

2 *Inspeccione todas las costuras con cuidado antes de dar vuelta la cabeza. Perfore pequeños agujeros en los lugares donde irán los ojos y la nariz. Inserte los ojos de seguridad y presione las arandelas metálicas sobre las clavijas de plástico, dentro de la cabeza, tanto como pueda. Coloque la nariz en su lugar, usando una arandela de seguridad para ajustarla.*

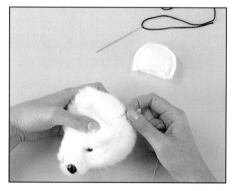

3 *Rellene la cabeza, dejando un espacio en el centro (para un dedo). Con hilo de bordar negro, cosa la boca siguiendo el diagrama. Cosa las orejas juntas, en pares, dejando un borde derecho abierto. Dé vuelta sobre los anversos y cosa las puntas. Ahora, cosa las orejas en su lugar, tomando como referencia el paso cuatro de la página 48.*

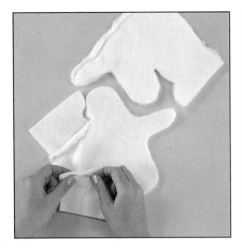

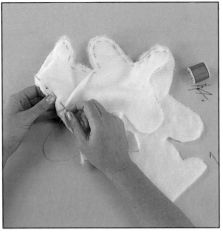

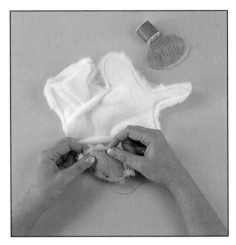

4 Coloque las dos partes de cuerpo con los anversos enfrentados y cosa a máquina a lo largo de la costura D-E. Doble las piernas hacia adentro, en la pieza de la delantera del cuerpo, y cosa las sisas, tal como se indica en el modelo. Recuerde siempre verificar que se hayan retirado todos los alfileres, ya que pueden perderse con facilidad entre los pelos de la tela.

5 Abra las piezas de los costados del cuerpo y, con los anversos juntos, colóquelas en posición encima de la delantera del cuerpo. Comenzando en el punto D, pinche, hilvane y cosa a máquina el contorno hasta el punto F. Repita en el otro costado del cuerpo. Luego, cosa la base de la pierna en los dos lados, entre el punto G y la sisa.

6 Con cuidado, pinche con alfileres las plantas de la pata a la zona abierta del piel, acomodando la tela a medida que avanza. Hilvane las plantas en su lugar y luego cósalas a máquina, asegurándose de que no queden frunces. Las plantas de las patas se pueden hacer con colores que contrasten (como sucede aquí) o del mismo color del osito.

7 Haga un pequeño dobladillo en el borde inferior del cuerpo del títere y sujételo con alfileres. Con puntadas fuertes y pequeñas, surfile el dobladillo. La tela de piel tejida no se deshilacha, de manera que no es necesario hacerle un doble dobladillo. Después de revisar todas las costuras, dé vuelta el cuerpo sobre los anversos.

8 Introduzca su mano en el cuerpo, con un dedo dentro del cuello. Empuje el cuello con firmeza dentro de la cabeza del títere, girándola un poco de lado a lado, para que ajuste. Con un hilo fuerte, cosa con punto atrás la cabeza al cuerpo, tirando bien del hilo. Cosa alrededor del cuello varias veces, antes de terminar.

9 Corte un trozo de jersey de 45 x 10 cm. Doble por la mitad y luego cosa a máquina a lo largo del borde derecho, dejando abiertos ambos extremos. Dé vuelta la bufanda. Empareje las puntas de la tela, una los extremos de la bufanda con una costura continua. Con hilo fuerte, cosa un pompón a cada extremo.

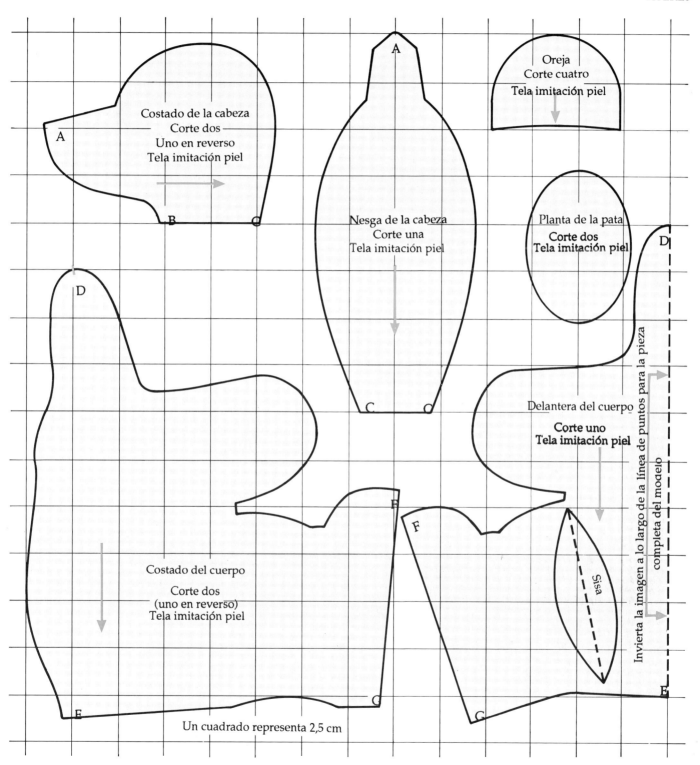

Costado de la cabeza
Corte dos
Uno en reverso
Tela imitación piel

Nesga de la cabeza
Corte una
Tela imitación piel

Oreja
Corte cuatro
Tela imitación piel

Planta de la pata
Corte dos
Tela imitación piel

Delantera del cuerpo
Corte uno
Tela imitación piel

Invierta la imagen a lo largo de la línea de puntos para la pieza completa del modelo

Costado del cuerpo
Corte dos
(uno en reverso)
Tela imitación piel

Sisa

Un cuadrado representa 2,5 cm

ÍNDICE

AGRADECIMIENTOS

Los editores desean agradecer a las siguientes instituciones por su ayuda en la realización de este libro:

Baby Boots Ltd. Nottingham

Mothercare UK Ltd.

Village Pine, Londres NW1